死をおそれない
Romantic Death
ロマンティック・デス

㈱サンレー代表取締役社長
佐久間庸和
Sakuma Tsunekazu

オリーブの木

まえがき

ロマンティック・デスというコンセプトを三十年以上も前に書籍として発表しました。いま、本書をリボーンさせる作業をしながら、これは新しい死生観の提案だったのだと改めて気づかされました。

わたしは、「死を美化したい」、さらにいえば「死は美しくなければならない」と思いました。なぜなら、われわれは死を未来として生きている存在だからです。

未来は常に美しく、幸福でなければなりません。もし未来としての死が不幸な出来事だとしたら、死ぬための存在であるわれわれの人生そのものも、不幸だということになってしまいます。わたしはマゾヒストではありませんから、不幸な人生など送りたくありません。幸福な人生を送りたいと思います。

わたしたちは、この世に生を受けた瞬間から「死」に向かって一瞬も休まずに突き進んでいます。だからこそ、残された時間を幸福に生き、幸福に死にたい。これはわたしだけではなく誰もが願うことでしょう。われわれ全員が「死」のキャリアであり、あらゆる人々が「死のロマン主義」を必要としているのではないでしょうか。

それが本書を書く発端であり、問題意識でした。

わたしが経営する会社は冠婚葬祭業ですので、葬儀のお世話もさせていただいています。そのために、わたしが死を美化しているのではないかという意見もあるかもしれません。しかし、はっきり言って、そんな単純な動機でも、考えでもありません。本書をお読みいただければ、いかに「死」が人生における最重要問題であり、「死」を考えることがそのまま「生」を考えることになるかということが、おわかりいただけると思います。

死は決して不幸な出来事ではありません。なぜなら、誰もが必ず到達する「生の終着駅」だからです。死が不可避なら、死を避ける、あるいは死を考えないのではなく、素晴らしい終着駅にするべきではないでしょうか。わたしは「終活（終末活動）」を「修活（修生活動）」と言い換えています。人生を修めるという意味です。「ロマンティック・デス」という考え方は、人生を美しく修めるためのイメージ・コントロールに役立ちます。

かつて為政者たちは死後の世界を、知ることができない世界ゆえに不安視し、おびえました。エジプトのファラオたちは死後の世界をピラミッドという墓のもとに描きだしました。中国の始皇帝は自らの墓を無数の兵士たちに守らせました。

ピラミッドや兵馬俑陵を作った行為を愚かな所業とは言えません。ですが、現代人は同じことをしないはずです。科学が発達し、さまざまな技術が生まれた今、いたずらにおびえる必要はないからです。でも、相変わらず「死」はタブー視されています。

人々は、今でも死を恐れています。今こそ、人生の終着駅である「死」を前向きに考え、死に至るまでの「生」を充実させるべきではないでしょうか。わたしは「死」を考えることは人生をゆたかにする、心をゆたかにする行為であると信じています。死の不安や恐怖を乗り越えるために、陽に捉えた死生観を現代人はもつべきではないでしょうか。

わたしは、本書に三つのテーマを与えました。

第一は「死」です。人間にとって永遠の謎であり、不可知の死をイメージするための手助けになればという思いからです。

第二は「月」としました。ロマンティックな死後の世界観を示すためです。

第三は「葬」です。現代社会における「葬」の役割を、変わらないものと、変えていくべきものとの両面でとらえなおす作業となりました。

誰もが幸福な死生観をもつことができるロマンティック・デスを目指して——わたしは恐れずに、いま再びこのコンセプトを提案したいと思います。

ロマンティック・デス
もくじ

第一部

死

臨死体験と死の受容

臨死体験の法則

第二部

月

第三部

葬

死と月

ホモ・フューネラル

序　論

「死のロマン主義に向けて」
～本書のコンセプトと提案

死に関する美しい話

まず、死に関する二つエピソードを紹介したいと思います。

一つは、ブッダにまつわる話です。

シュラーヴァスティー（舎衛国。古代インドの都市）で、キサーゴータミーという女性が結婚して男子を生みましたが、その子に死なれて気が狂い、遺体を抱きしめて蘇生の薬を求めて歩きまわっていました。

それを見たブッダは、「まだ一度も死人を出したことのない家から芥子粒をもらってくるがよい。そうすれば、死んだ子供は生き返るであろう」と教えました。

一軒ずつ尋ねて歩いているうちに、死人を出さない家は一つもないことを悟った母親は正気に戻ることができたといいます。この話は、死なない人間はいない、人間は必ず死ぬ、といったあまりにも当たり前の事実を改めて教えてくれます。

もう一つの死に関するエピソードは、イエス・キリストにまつわる話です。

あるとき、イエスが弟子たちを連れてペルシャの町を歩いていると、町の広場に大勢の人々が群がって、口々に罵り合っていました。「何事だろう」と思って覗いてみると、人々の集まっている真ん中に犬の死骸が横たわっていました。その死骸からは腐臭が漂っています。みんなは、「誰がこんなところにこんなものを捨てたのだ」とか、「こんなところに死骸が置いてあると不衛生だ。いつ病気が流行り出すかもしれないから、早く捨てろ」とか、口々に罵っていました。ところがイエスだけはそれを見て、ただ一言、「見てごらん、何ときれいな歯をしているのだろう」と言ったのです。

この話は、物事を美しく見る心について語っています。みんなが何も美しいものが見えないと思っているところにさえも、積極的に美しいものを見ようとする畏敬の精神を、わたしも持ちたいと思います。

ブッダもイエスも、死を決して不幸なこととはとらえていません。ブッダは、死は誰にでも訪れるものと考えました。イエスは、死を穢《けが》れたものとは考えませんでした。

死を形容詞で飾ってみる

わたしは、人生には美が必要であると思います。美のない人生には、潤いがありません。そして、人生に潤いを与える魔法の一つに、形容詞というものがあると思っています。「わたしは生きる」という名詞と動詞だけの文章と、「わたしは美しく生きる」のように「美しい」という形容詞を加えた文章との間には、大きな潤いの差があります。まさに言葉の魔法、言葉の錬金術です。われわれの社会は、形容詞を必要としています。

わたしは、現代人は、心の時代へと社会が移行していくハート化社会を生きていると考えています。そして、ハート化社会とは、形容詞化社会でもあります。名詞と動詞のみでできているものには、潤いが感じられません。

今日まで発展してきた日本の工業社会は、モノの所有とその使用の時代であり、モノとしての名詞とそれを動かす動詞の時代でした。しかし、ポスト工業社会は、人生に潤いを与える形容詞、さらには感動詞をその体内に取り込んでいかなければなりません。

「美しい」「豊かな」「平和な」「楽しい」といった形容詞で、今日さまざまな分野がデザインされています。しかし、死についてはどうでしょうか。美しい死、豊かな死、平和な死、楽しい死、さらに「幸福な死」というものがデザインされているでしょうか。

答えは、否です。今こそ、「わたしは死ぬ」から「わたしは美しく死ぬ」――ロマンティック・デスへのデザインが必要なのです。

葬儀に求められる新たな要素

現代の日本では、死のありようが大きく揺らいでいます。冠婚葬祭業に携わっていると、その有り様の変化に驚くばかりです。超高齢社会は、「生」の繁栄を謳歌してきた戦後の日本社会全体が「死」と正面から向き合わねばならない時代です。

死の迎え方、そして死の修め方をどうするか。死の迎え方は医療や介護の世界が担い、死の修め方という葬儀を担うのはフューネラル・ビジネス、つまり葬儀産業です。さらにいえば、葬祭のみならず、墓地なども含んで、広く「葬」を扱う産業全体として捉えるべきでしょう。場合によっては、僧侶などの宗教家も含んでよい問題です。

われわれの日常生活の中に死のイメージが強く入り込んでくるのは、葬儀や墓参りの時ではないでしょうか。もちろん毎日のように死と向き合う医師などは別にして、われわれの多くは、葬儀や墓において死に接します。

葬儀や墓とは死者と生者がコミュニケーションするメディアであり、死のイメージをコントロールする文化的装置であると言えるでしょう。

しかし、依然として日本の葬儀は「悲しみ」の演出に終始しており、墓は不吉な死の影が漂う悪霊たちの住処《すみか》です。要するに、どちらも陰気で怖いイメージがあります。これで死のイメージが幸福になるはずがありません。

葬儀について考えてみると、たしかに「悲しみ」の演出も必要です。死は不幸な出来事ではありませんが、悲しい出来事ではあります。誰だって、親や子供や恋人が死んだら、悲しいはずです。わたしも、悲しいです。しかしその悲しさとは、実は死そのものの悲しさではなく、愛する者と別れる悲しさです。死そのものの悲しさと別れの悲しさとを混同してはいけません。今後の葬儀は、別れの悲しさとともに、美しい死、幸福な死を演出していくべきではないでしょうか。

墓のイメージを変える

墓について言えば、すべては遺体や遺骨を地中に埋めたことに問題が集約されるように思います。人間の遺体や遺骨が土に還ることは、エコロジーの視点から見ても正しいと考えます。しかし問題は、生き残った人間のほうにあります。死者が地中に埋められたことによって、生者が「地下へのまなざし」を持ってしまったのです。人間は死んだら地下へ行くというイメージを持ってしまったのです。

「地下へのまなざし」は当然、地獄を連想させます。われわれは死後、地獄などではなく、天国へ行かなければなりません。人間は死ぬと、まず地獄へ行くなどと説いている宗教団体や宗派は、はっきり言って脅迫産業以外の何ものでもありません。「地獄へ落ちたくなければ、浄財を出せ」と信者を脅して、金を巻き上げるのです。

わたしたちは天国へ行くために「地下へのまなざし」を捨て、「天上へのまなざし」を持たなければなりません。そして、これからの墓地は、その仕掛けとなるべきです。

新しき「葬」

葬儀や墓が変わることとは、死のイメージが変わることであり、死生観が変わることです。

本書のオリジナル単行本が刊行された一九九〇年代の初め、死生観の変化が文明史的スケールで起こる兆しとして、臨死体験が大きな論議を呼びました。臨死体験とは、事故や重病で死の淵へと分け入り、そこから帰ってきた人々の体験です。臨床的には、心臓や呼吸の停止、瞳孔反応がない、あるいは死後硬直状態が見られるなどの死の状態に陥り、奇跡的によみがえった人々の体験です。

臨死体験者たちの多くは、肉体から魂が離れる幽体離脱を体験し、死にゆく自分を見つめているもう一人の自分の存在に気づいています。彼は死にゆく肉体をそこに置いて、死の境界面を越えてゆこうとします。このとき、フラッシュバックするように、自分の過去の人生における出来事が次々と現われては消えてゆき、さらに奥深い自己のヴィジョンへと入っていきます。暗いトンネルを通り抜けると、天国や神々のヴィジョンを見ます。そしてその向こうには、すべてを溶かし去ってきらめく光の生命が輝いているのが見えます。しかし彼はそこに足を踏み入れずに、あるいはいまだ踏み入る時ではないという声を聞いて、道を後戻りして再び引き返してくるのです。

わたしは、臨死体験者とは、宇宙空間で神秘体験をした宇宙飛行士たちと同様に、われわれに普遍的なものの存在を知らせてくれるメッセンジャーではないかと思っています。彼らが伝えてくれたメッセージによって、死生観の変革が今まさに、文明史的規模で起ころうとしているのです。その時、「葬」も変わらなければならないでしょう。

現代の文明そのものも、その存在原理を全体的に問われていると言えます。近代の産業文明は、科学革命、資本主義、人間中心主義によって、生命すら人為的操作の対象にしてしまいました。そこで切り捨てられてきたのは、人間が自然の一部であるというエコロジカルな感覚であり、人間が宇宙の一部であるというコスモロジカルな感覚です。新しき「葬」は、それらの切り捨てられてきた感覚を回復する営みでなければならないでしょう。

死生観が変わる

「葬」とは、死者と生者との関わり合いの問題です。日本には祖霊崇拝のような「死者との共生」という強い文化的伝統がありますが、どんな民族の歴史意識や民族意識の中にも「死者との共生」や「死者との共闘」という意識が根底にあると言えます。

二〇世紀の文豪アーサー・C・クラークは、名著『2001年宇宙の旅』の「まえがき」に、「今この世にいる人間ひとりひとりの背後には、三〇人の幽霊が立っている。それが生者に対する死者の割合である。時のあけぼの以来、およそ一〇〇〇億の人間が、地球上に足跡を印した。（伊藤典夫訳）」と書きました。わたしはこの数字が正しいかどうか知りませんし、また知りたいとも思いません。問題なのは、わたしたちの側には数多くの死者たちが存在し、わたしたちは死者たちに支えられて生きているという事実です。

宗教哲学者の鎌田東二氏は、多くの人々が孤独な死を迎えている今日、他の生命はもちろん死者たちをも含めた大きな深いエコロジーの中で「生と死」を考えていかねばならないと言います。わたしも、現代人に最も必要なものは、古代人たちが持っていた「魂のエコロジー」とでも呼ぶべき死生観であると思います。そして、未来の「葬」の中から魂のエコロジーが蘇ってくると信じます。

「葬」をデザインする

具体的に「葬」をどう変えればよいのでしょうか。

新しき「葬」とは、どのような姿なのでしょうか。

わたしは、死を美化したいと思いました。そのための仕掛けとなる「葬」をどうデザインするかについて考え続けました。そして、死を美しく、幸福なものにするためには、「物語」が必要であるという思いに至りました。人々のまなざしのベクトルを地下から天上へと変えさせるような物語が必要です。

たとえば、宮沢賢治の童話『銀河鉄道の夜』は臨死体験の物語であると言われています。また、メーテルリンクの戯曲『青い鳥』なども臨死体験を語っていると思います。賢治やメーテルリンクなどの宗教的天才は、実際に幽体離脱などを体験していたのかもしれません。しかし、そのような体験を直接語るのではなく、ファンタジーとして大衆に提供した点に、彼らの偉大さがあります。彼らのつくった夢のある幻想的な物語によって、子供も大人も、あらゆる人々が無意識のうちに霊的真実にふれられるのです。

まさに、新しき「葬」が必要としているものこそ、賢治やメーテルリンクのような物語的センスであり、彼らの物語に見られるような「ロマン」でしょう。物語とは、もともとロマン的精神の中から生まれました。

われわれは、新しき「葬」のために、死のイメージを美しく変える、いわば、「死」を「詩」に変えるロマンティックな物語をつくらなければならないのです。

「死」を「詩」に変えること、これが本書のコンセプトです。

自死を美化しているわけではない

死を美化するなどと言うと、眉をひそめる人もいるでしょう。

死の美化は、自死者の増加につながるからです。わたしは、自死の問題から逃げようとは思いません。自死に対するわたしの考えは、人智学者ルドルフ・シュタイナーの思想にもとづいて、後述します。ただ、自死者の臨死体験をみてみると、その多くの人々が、光の至福体験ではなく、暗黒の地獄の底に落ちるというヴィジョンを見ています。

また、死を美化するということは、われわれの生を美化するということなのです。美しい死があって、初めて美しい生があるのです。

なぜなら、われわれの生とは、死を未来としているからです。

「月」との出会い

死を美化する物語をつくらねばならない。そのことを考えながら歩いていたある夜。ふと空を見上げた時、そこに満月がありました。

その瞬間、わたしの身体を電気のようなものが貫いたのです。

月は、神話や夢や恋愛をはじめ、あらゆるロマン的なるものの象徴です。

月ほど、ロマンティックなものはないということに、わたしはその時に気づきました。

わたしは、「死」を「詩」として表現するには、月が最大の鍵になることを発見しました。月を死後の世界に見立て、地球人類の墓標としての「月面聖塔」を立てるというアイデアが思い浮かんだのです。さらには、もし人間の魂が宇宙から来たのなら、その魂を死後、宇宙へ送り帰す儀式として、「月への送魂」というアイデアを思いつきました。すると、

「葬儀」は「送儀」となります。

わたしは、これらのプランのロジックをつくるべく、死と月を結びつける物語を考えはじめました。しかし、神話学、宗教学、文化人類学、民俗学、心理学、哲学、神秘学、それに生理学や医学などの数多くの文献を調べていくうちに、わたしは、もともと死と月が分かちがたく結びついていたことを知ったのです。

古代人たちは、月を死後の魂のおもむくところと考えました。多くの民族の神話と儀礼の中で、月は死、もしくは魂の再生と関わっています。規則的に満ち欠けを繰り返す月が、死と再生のシンボルとされたことは自然です。地球上から見る限り、月は常に死に、そしてよみがえる変幻してやまぬ星なのです。月は、魂の再生の中継点と考えられてきたといえます。

さらにいえば、潮の満ち引きのように、月は人間の生死をコントロールしています。月面に降り立ったアポロの宇宙飛行士の多くは、月面で神の実在を感じたと報告しています。月こそ霊界であり、神の住処なのかもしれません。そこは、魂の理想郷となる可能性があります。わたしはその魂の理想郷を「ムーン・ハートピア」と呼ぶことにしました。

そしてわたしは、月に「月面聖塔」を立て、地球上から「月への送魂」を行なうことは人類の文明史的必然であることに気づきました。何ということでしょう。わたしは物語をつくったのではなく、事実を発見しただけだったのです！

ムーン・ハートピアとは何か

トルコには約七万年前のネアンデルタール人の墓が残っています。この墓から出土した化石を手がかりにして、考古学者はネアンデルタール人が死者を花の上に寝かせて埋葬したことをつきとめました。このことから、ネアンデルタール人が死を受け入れ、人間が死ぬということは別の世界へ移り住むことだと考えていたことがわかったのです。

そして、その別の世界こそ、「ムーン・ハートピア」ではないでしょうか。

「月面聖塔」と「月への送魂」によって、人類はついに魂をダイレクトに霊界に送る技術を手に入れます。葬儀は送義になるのです。この送儀こそ、臨死体験時代、宇宙体験時代の葬儀と呼ぶにふさわしい完全芸術なのです。

芸術のことを英語で「ＡＲＴ」といいますが、わたしはつねづね葬儀こそはＡＲＴそのものであると思っています。

「ＡＲＴ」とは天国への送魂術ではないでしょうか。

素晴らしい芸術作品に触れて感動したとき、魂は一瞬だけ天国に飛ぶのではないでしょうか。肉体はこの世に残したまま、精神だけを天国につれてゆくのです。絵画や彫刻などはモノを通して、いわば中継地点を経て天国に導くという間接芸術であり、感動がそのまま天国への飛行としての直接芸術であると主張したのは、かのヴェートーベンでした。

芸術とは天国への送魂術なのです。そして、葬儀というセレモニーこそは「ＡＲＴ」そのものとしての完全芸術です。なぜなら葬儀は人間の魂を天国に送る「送儀」であり、人間の魂を天国に引き上げるという芸術の本質をダイレクトに実現するものだからです。

「葬」を変える！

わたしは、もう死を美化したいとは思いません。死はもともと、美しいものであり、ロマンティックなものであったのです。あとは「月面聖塔」や「月への送魂」を実現させるだけです。「月面聖塔」は万教同根、人類同根の記念碑でもあります。それは『2001年宇宙の旅』に出てくる石板《モノリス》のように、人類を新しい進化の段階へ導いてくれるはずです。

そして、われわれはムーン・ハートピアのような心の理想郷をこの地球上にもつくらなければなりません。この世のハートピア、つまり、ハートピア・ヒアの創造こそ、二一世紀の人類に与えられた使命です。

「葬」が変われば、死生観が変わる、死生観が変われば、失われたココロジーがよみがえり、幸福の全体像が見えてくる。そして、この地球上にハートピアが生まれるのです。

さあ、心の理想郷をつくるために、われわれ自身が、そして世界全体が幸福になるために、今この瞬間から歩き始めましょう。大いなる死のロマン主義に向けて。

第一部

死

臨死体験と死の受容

二人のパイオニア

まず、臨死体験の話から始めましょう。臨死体験とは医師から死の宣告を受けたものの、奇跡的に命をとり戻した人の体験のことです。原語は「ニア・デス体験（near death experience）」で、臨死体験、近似死体験、近死体験、瀕死体験など、さまざまな訳語が使われていますが、本書では臨死体験と呼ぶことにします。

死に臨んだ人々の共通の体験として、死んだ時に自分と自分を取り巻く医者や看護婦の姿が上から見え、それからトンネルのようなものをくぐって行くと光の生命に出会い、花が咲き乱れている明るい場所が現れたりします。

さらに自分を愛してくれた親や恋人でも先に死んでしまった人にめぐりあいます。そして重大なことは、人生でおかした過ちを処罰されるような体験は少ないこと、息を吹き返してからは死に対して恐怖心を抱かなくなったというようなことが主な内容です。

海外では、アメリカを中心に臨死体験は科学的な研究対象となっています。アメリカで臨死体験の研究が注目されるようになったのは、ベトナム戦争で臨死体験者が多かったことなどもありますが、次の二人の人物の影響が大きいといわれています。その二人とは、エリザベス・キューブラー＝ロス、それにレイモンド・ムーディです。

彼らこそは偉大なる臨死研究のパイオニアであり、臨死体験について考えるならば、やはり彼らの研究から見ていかなければならないでしょう。

キューブラー＝ロス博士の研究

キューブラー＝ロス博士はスイス生まれのアメリカの精神科医です。シカゴ大学の精神医学部教授などを務めた女医で、二〇〇四年に七八歳で亡くなっています。

彼女は、「死と死ぬことに関するセミナー」を開きつづけ、二万人もの臨死患者に会ったといいます。彼女ははじめ、「死後の生」というものに対しては懐疑的だったそうです。彼女の関心は、死に際しての心理学的問題だったのです。彼女は著書『死ぬ瞬間』において、人間は死に直面すると次のような段階の態度を取ると述べています。

第一段階は死の「否認」です。もはや避けられない死に直面して、人はそれを絶対に認められません。自分が死ぬなんて。ほとんどの人が末期疾患の報せに対して、初めは「違います。私は違います。それは真実でありえない」といいます。悲しい事実を直視することができないのです。

次に第二段階は「怒り」です。ついに否認という第一段階が維持できなくなると、怒り、憤り、羨望、恨みなどの諸感情がこれにとって代わります。人と神とに対して憤りをぶつけ、怒り狂い、不平を申し立てはじめます。なぜ、この「わたし」でなければいけないのだと。

第三段階は「取り引き」です。次は神や死神に対して何かの申し出をし、何らかの約束

キューブラー＝ロスによる死に直面したときの５つの態度

第１段階 否　認	悲しみの直視ができない段階
第２段階 怒　り	人と神への憤りの段階
第３段階 取り引き	死を回避するために交換条件を出す段階
第４段階 抑　鬱	否認できない、取り引きできないことによる喪失段階
第５段階 受　容	第1〜4段階を経て、死を受け入れる段階

↓

希　望

を結ぶことを思いつきます。生かしてくれればこれこれをするから、でなければ死んでも死に切れないと。神や死神と何らかの取り引きができれば、もしかすると、この悲しい不可避の出来事をもう少し先に延ばせるかもしれません、と考えます。

第四段階は「抑鬱」です。もはや自分の死を否認できなくなり、そして取り引きも成り立たないことが判ると、人は大きなものをなくしたという喪失感に襲われます。

第五段階が「受容」です。すべての望みが断たれて、はじめて人は死を認め、それを受容しはじめます。というよりも、受容する以外他に道はないことを知るようになります。この受容と共に、はじめて人は、すべてをあるがままに受け入れられるようになり、意識は透明な輝き、広大な広がりをもったものになります。闘争は終わり、長い旅路の前の休息の時が来ます。その時の家族や医師たちとのコミュニケーションは言葉ではなく、言外の行為です。たとえば一緒に、窓の外の小鳥の声に聞き入る。その人たちがそこにいるというだけで、死にゆく者は最後の時まで身近にいてくれるだろうとの確信を持ちます。

そして「希望」。否認、怒り、取り引き、抑鬱、受容の五つの段階を通じて、希望は存続します。どんな末期患者でも、新薬の開発とか新しい治療法の可能性をあきらめていません。彼らが苦痛を耐えぬいていくのは、そのような一縷の望みにすがっているからです。

われわれはすべて、無意識下に、われわれ自身には決して死は起こり得ないとする、基本的な知識をもっています。無意識にとっては、自分の生命がこの地上で終わるなどとは想像もできないのです。

ですから、もしもこの生命が終わらなければならないとすれば、それはつねに誰か他の人によって外部から不当に加えられた邪悪な干渉によるものとされます。

人間が死を恐れる理由

なぜ、人間は死を恐れるのでしょうか。恐怖は自然な感情の一つでありますが、人間が生まれつき持っている恐怖心は二つだけだとされています。

一つは、高い所から落ちたり、転んだりすることに対する恐れであり、もう一つは突然の大きな音に対する恐れです。この二つの恐怖心は、実はわれわれに授かった贈り物です。わたしたちの大切な生命を守ってくれるからです。

乳幼児は死の恐怖など持ち合わせていません。転ぶことへの恐怖、そして高音への恐怖の二つだけです。その他の恐怖はすべて、恐れる大人たちから子どもへ伝達されたものです。成長するにつれて「離れる」ことに対する恐れ、つまり分離不安が出現してきます。見捨てられることや、深い愛情で世話してくれる人がいなくなることへの恐れなどですが、これらはごく自然なことです。子どもは三、四歳に達すると分離への恐怖に加えて、手足その他身体の部分を切断されること、すなわち切断への恐怖が出てきます。これは子どもたちがその生活環境で死の形を見るようになると起こります。自動車に轢かれたネコとかを見ると、死というものがずたずたに切り裂かれた恐ろしい身体と結びつけられてイメージされるのです。あるいは子どもはネコが小鳥を食いちぎるのを見るかもしれません。

この年齢はまた子どもたちが自分の身体をはっきりと意識し、自分の身体を誇らしく思うようになる年齢でもあります。小さな男の子は、自分の下半身に小さな女の子のもっていないものを持っていることを発見します。彼らはスーパーマンみたいに、またお父さんみたいに大きく強くなりたいと思います。子どもは採血されるとき、まるで、頭をあるいは腕を切り落とされるかのように、悲鳴をあげます。

死は永久的な出来事

子どもが死について、死があたかも一時的な出来事であるかのように話しはじめるのは、セパレーション（分離）とミュティレーション（切断）の恐怖を卒業したあとです。ごく幼い子どものこの「一時的な出来事」という死の観念は非常に大切なコンセプトであって、大人たちがもっとよく理解しなければならない考え方です。

この一時的な出来事である死への恐怖が子どもに起こるのは、ロスによれば、しょっちゅう「ダメ」と叱る母親に対してはいかに自分が無力であるかを感じはじめるのと同じ年齢からだといいます。母親に「ノー」と言われる子どもは怒り、いらだち、かつ無力感に襲われます。そんなとき四歳児、五歳児のもつ唯一の武器は、「お母さんなんか死んじゃえばいい」と願望することだけです。四、五歳児にとっては、この言葉は基本的には、「ママは悪いママだから今は死なせちゃうけれども、二時間か三時間してぼくのお腹が空いたら、ママを起きあがらせて、ぼくの好きなものを作らせるからね」というほどの意味なのです。死を一時的な出来事と信じるとは、こういう意味です。

子どもはもう少し大きくなると、死が永久的な出来事だとわかりかけます。子どもはきわめてしばしば、死を人格化します。たとえばアメリカでは死はブギーマン（幽霊男）であり、スイスでは大鎌をもった骸骨でありました。これらはその国の文化で決まってきます。子どもがもう少し大きくなると、死を永久的な出来事と信じるようになります。
八、九歳後の子どもの死の観念は、大人のそれとほとんど同じく、はっきりと死を永久的な出来事と見るのです。

死の恐怖は後天的なもの

人間にとって死の恐怖とは後天的なものなのです。大人になればなるほど、死の恐怖は増していきます。しかし、死という現実が恐怖を生むのではなく、死を恐れる心が恐怖を生むのであり、人々が死を恐れる自分の心を直視してそれに立ち向かえば、死についての現実的な「受容」が生まれるのだと、ロスは言います。現実そのものではなく、現実に対する人々の心の中の空想が恐怖を生み、空想を生み出している自分の心の弱さを人々が認め、受け入れる時にこそ「希望」が生まれるのです。

「死の受容」というコンセプトを持ちながらも、最初は死に際しての心理学的問題にしか関心のなかったロスですが、死の研究を続けていくうちに、次々と新たな疑問が湧いてきました。人間という存在にとって死の意味はなにか？　なぜわれわれは死がくるとき死ぬのだろうか？　そして死んだ後はどうなるのか？　この地上でのわれわれの生と、われわれの死とは、いったい関係があるのか？　もしあるとすればどんな関係なのか？　死後の生はあるか？　あるとすればその性質は？　われわれ自身をよりよく死へ向かって準備させ、もうひとつ別の生があるかもしれないそれへ備えるために、いまの生をどのように生きたらいいのか？　そんな生き方があるのか、それとも、いまのこの生がわれわれの持つ唯一の生なのだろうか？　人間が存在している意味はいったい何だろうか？　われわれはどうしたら幸福に、平和でいられるのだろうか？　もし死後の生を否定したとすれば、幸福と平和への道についての答えは違ってくるだろうか？　われわれは死後、別の生を生きるために、この地上へ帰ってくるのだろうか？　もしそうなら、そのときのわれわれの社会的地位は、われわれの悩みと喜びは、われわれが前の生をどう生きたかに関係するのだろうか？　それともわれわれは、死ぬときはただ死ぬだけなのだろうか、腐るだけで、土壊の一部となるだけの宿命だろうか？　運命とは何だろうか？

そして彼女にとって「死後の生」と「転生」は、疑問の余地のない事実として確信すべきものになったのです。

ある男に訪れた奇跡

彼女の臨終ヴィジョンの記録は、次第に多くの患者が臨死体験をしたことを伝えてくれます。たとえば『新・死ぬ瞬間』には、彼女がサンタバーバラのホスピスの集まりで出会った一人の失意の男性の話が紹介されています。彼はかつて働き者で五人の子どもたちの父であり、幸せな生活を送っていました。彼の家族は、ある日、家族全員で楽しもうと出かける支度をしていました。彼の妻と子どもたちが彼を車で迎えに行こうとした時、ガソリントラックがぶつかってきて炎上し、家族全員が焼け死んでしまいます。

彼の人生は、その瞬間にすっかり変わってしまいます。彼は動いたり考えたりすることもできず、職務を果たすことができなくなりました。職を失い家まで失った彼は深酒するようになり、手に入るすべての薬を用いて自分を鎮静させようとしました。毎日ウォッカを一本飲みほす他に、しまいにはコカイン、コデイン、ヘロインなどの麻薬を常用するようになりました。彼は何度も自死を試みましたが、どうやってもうまくいきません。

まさに、彼は「どん底」にいたのです。あるとき、森の脇の国道の上で薬を飲み、酒をあおり、ひっくり返っている自分に気がつきます。大きなトラックが近づいてきましたが、気分がひどく悪くてよけようにも体が動かせそうにありません。自分を常に「自死する人間」だとみなしていたにもかかわらず、トラックを避けようとして道の外のほうへ重い体を必死に動かしている自己矛盾に気がつきました。

彼はトラックが自分の体をひいた時も、半ば意識を保って見ていました。

そのとき、何の痛みも不安もなく、自分が体から抜け出て空中に漂っているのに気がつきます。彼は遠くへ浮遊し、光に近づいていきます。突然、光の中から彼の家族がやってきます。妻も子どもたちも、彼が記憶している昔の姿そのままに、幸せで健康そうで、笑みを浮かべていました。全員が揃っています。

「妻と子どもたちは何も話しかけてはきませんでした。しかし、わたしはすべてを理解することができたのです。わたしは突然、彼らの傷が癒えていることがわかりました。彼らには、何の怪我の跡も火傷の跡もありませんでした。彼らはそこで、みんな元気で一緒にいると教えてくれました。わたしは家族を全部失ったと思い込み、自分の人生を破壊しようと、これまでの時間を費やしてきたことに、はっと気がついたのです……」

この時、彼は家族に加わるのはまだやめておこうと決心しました。そして、すすんで自分の体に戻り、失った時間を埋め合わせようとしたのです。彼はそこで体験したことを、できる限り多くの人々に話すことにしました。そうすることによって初めて、自分の家族との再会が許されると思ったといいます。彼はホスピスの集まりでロスの講演会が開かれることを知らせるポスターを見た時、約束を果たす日が来たことを知りました。

彼の話は、多年にわたるロスの研究の中で最も感動的であったといいます。

彼は聴衆を感動させ、ふだんは疑い深い専門家たちの集団から総立ちの喝采を博します。

彼は、彼の話に感銘を受けずにはいられなかった多くの出席者たちと、彼の体験談を話すチャンスを与えてくれたロスに感謝しました。彼は誰も耐えることができないほど苛酷で悲劇的な事件のあとで、生の奇跡を享受することを学んだのです。

ロスは、この話の他にも、多くの臨死体験者が死んだ家族や親戚を見ていることを確認しています。たとえば彼女は、死んでいく子どもが生きている両親に会いたいと望んでも、死の瞬間には、死んだ祖父母が現われることに着目しています。

人はみな、自らの死の刻限を知っており、死にゆく者はすべて、死んだ親戚や愛していた人間に出迎えられるのです。臨終は生のクライマックスであり、最も美しい体験と見なすべきだと、ロスは言います。人にはみな、各人を常に見守っている指導霊があり、死の瞬間にそれらを見ることができるのです。

蝶にたとえられた死

わたしは、キューブラー＝ロスが本当に偉大だと思うのは、医師でありながら霊魂の問題に足を踏み入れたことです。それで非難も多く受けましたが、死の瞬間の研究をしていると、結局その問題に直面せざるをえません。それはごく自然な流れなのですが、勇気が求められます。それをあえて引き受けた点は偉大という他はありません。

ロスは、決して死を恐れることはないのだということを臨死患者や家族に訴え続けましたが、その表現にも気をつかっています。彼女はよく蝶を使って死を表現しました。生きている人間の肉体とは繭であり、繭はまるでその中に生命がないように見えます。しかし、これという時期がくれば、どの繭もみんなぱっと開いて、その中から蝶という魂が抜け出すというのです。

ロスは、母親が重病で死に瀕している小さな女の子にやさしく語りかけます。

「死ぬって決してそれで終わりなのではないのよ。埋められ、あるいは火葬された肉体は貝殻なのよ。ちょうど繭が〝チョウのための家〟であったと同じなの。そしてチョウチョウは繭よりもずっと美しいし、自由なのよ。チョウは繭から出るとすぐに飛んでいってしまう、わたしたちには見えなくなってしまう。だけど本当はそのとき、チョウチョウはきれいに草花の間を翔び、日光を浴び、しあわせになっているのよ」

生後まもなく病気になり一一カ月の闘病生活の末死んだ、デレックという名の赤ん坊の母親は、ロスの蝶のたとえを聞いた後、自らの経験に照らして次の詩を書きました。

その繭は、開くのが遅かった
デレックの命の絹糸が
彼をしっかりとくくりつけていたから。
彼には、はばたく羽がふさわしかった。
しかしデレックを愛するあまり、私たちは、彼に多くを期待しすぎた。
彼を行かせねばならぬときに、
とどまっておくれと私たちは、懇願した。

しかし神はその知恵をもって、デレックはその愛をもって
私たちに教えてくれた。デレックが私たちの持ち物ではなく……
舞う蝶のように、自由であることを！

（秋山剛・早川東作訳）

臨死体験の法則

レイモンド・ムーディの臨死体験研究

キューブラー＝ロスと並んで、臨死体験を研究した人物が、アメリカの哲学博士および医学博士のレイモンド・ムーディです。一九六〇年代半ば、ロスが死の研究をはじめた頃、ヴァージニア大学の若き哲学者ムーディは臨死体験の記録を集めはじめました。彼は一一年間、臨死体験記録を集め続けましたが、他にも同じような研究をしている人物がいることに気づきません。彼はまだ、ロスの名前を聞いたこともなかったのです。

ムーディはノースカロライナ東部の大学で哲学を教えた後、自分は医者になるべきだと考え、医学の学位をとりました。その間に収集した臨死体験談は一五〇ほどになりましたが、それらにはすべて基本的な共通点がありました。

ムーディは衝撃を受け、『かいまみた死後の世界』という本を著しました。編集者からその校正刷を送られたキューブラー＝ロスは、自分も同じような本を書きたかったのだと打ち明けました。『かいまみた死後の世界』は一九七七年に出版され、全米でベストセラーとなりました。この研究によって臨死体験は初めてオカルトや宗教的な現象としてではなく、哲学、心理学、医学の研究対象としてみなされるようになったのです。

『かいまみた死後の世界』の出版以前には、死に関する話題はアメリカでもタブーでした。多くの医師は、臨死体験を患者の精神異常による幻覚として片づけてしまうのが実状でした。したがって患者は珍しい体験をしても、それを医師に話すような雰囲気ではなかったのです。しかし、ムーディの開拓的な研究によって、そのような状況も一変しました。

全知全能感とは何か?

『かいまみた死後の世界』にあげられた事例のすべてには驚くほどの共通点が見られますが、ムーディは臨死体験の共通項を抽出して、理論的な「典型」ないしは「完全」なひとつの体験を、モデルとして組み立てました。

ムーディは『続かいまみた死後の世界』で、臨死体験のパターンの「新しい事実」として、「全知全能感」「光あふれる場所」「さまよう霊魂」「超自然の救い主」の四点が発見されたことを報告しています。その中で特に、「全知全能感」すなわち、宇宙の本質を一瞬にして洞察するという認識ヴィジョンが注目されます。ムーディは臨死体験の際に全知全能感があったという一人の女性から次のような話を聞き出しています。

「自分の生涯のフラッシュバックを見た後だったように思います。突然、あらゆる全知識――この世の初めから未来永劫に続く全知識――を掌握したように思えました。一瞬にして、全時代のあらゆる秘密、宇宙、星や月、ありとあらゆるものの持つ意味を悟ったのです。しかし、わたしが物理的肉体に戻ると決めると、この知識は消失し、今は何一つ思い出せないのです。戻る決心をした時、この知識を持ち続けることはできないのですよ、と言われたような気もしますが、子どもたちがずっとわたしを呼んでいたので、戻ることにしたのです。完全無欠の知識が私の前に開かれていたのです。死後の世界から戻った後も、しばらくの間は病気でいるだろう、そしてまた死に接近するだろうと告げられたように思いますが、実際この後も何度か死にそうになりました。

これはすべてわたしが手にした全知識、宇宙の秘密を消滅するための経過だったようです。しかし、自分が一度すべてを知り得たという記憶、そしてこれは物理的肉体に戻ったら返さなければならない贈り物だったという記憶はまだ残っています。わたしは子どもたちのところへ帰りました……すべて鮮明に覚えているのですが、知識の消失の一瞬は覚えていないのです。自分の肉体にもどった時、あの全知の感覚は消えていました」

「その知識はどういう形で提示されたのか」という質問には、「視覚、聴覚、思考力、あらゆる手段を用いてです。そして、一つの分野に限らず、あらゆる知識が提示されました」

という答が返ってきました。

ムーディはさらに、「わたしはこれまで知識を求めてずいぶん時間をかけてきたわけで、死ねば全知全能になれるならば、こうした努力も無意味なのではないか」とたずねました。その答えは次のようなものでした。

「とんでもありません。『死』からよみがえってきたのがあなただったとしても、きっと知識を求め続けるはずです。わたしもまだその努力をしています。現世で疑問に対して答を得ようと努力することは、むなしいことではありません。それこそは、生きる目的の一つなのではないのでしょうか。そうして得た知識は、個人のためにではなく、全人類のために使われるべきです。自分が知り得ていることで他人を助けるために、いつでも手をさし出すべきなのです」

「エルの物語」の引用

ムーディは、この世に戻る前に宇宙の全知識を「忘却」しなくてはならないという概念に驚き、古代ギリシャの哲学者プラトンの『国家』より、死からの生還を許された兵士の物語である「エルの物語」を引用しています。次のような内容です。

エルは死んで葬られた棺の中で生き返ります。彼は死の世界を見てきましたが、死がどのようなものかを現世の人に教えるために、肉体的生命に戻るよう命令されたのです。肉体的生命に戻る直前に、エルはこの世に誕生する準備をしている魂たちを見ます。魂たちは連れだって炎熱の野を越え、「忘却の川」にたどりつきます。すべての魂は、この川の水を決められた量だけ飲まなくてはなりません。自制できずにそれ以上の量の水を飲む魂もいましたが、それらの者は飲んだとたん一切のことを忘れてしまいます。真夜中、皆が眠りについている時、雷鳴がとどろき、大地が揺れ、すべての魂は突如として流星のように新しい誕生のために飛び去って行きます。エル自身は、この川の水を飲むのを禁じられていましたが、自分がどのようにして肉体の中へ戻ってきたのか覚えていなかったわけです。ふと目をあけてみると、彼は火葬にされるべく、薪の上に横たわっていたのです。

ムーディがこのエピソードで興味をひかれたのは、明らかに「あの世」と「この世」との間に存在するらしい「忘却」という障壁の概念、そして、完全に記憶を失わずにいられる生還者があるのはなぜかという問題です。

ムーディの被験者である一人の男性はこう語っています。

「自分は学校にいました。自分がいたのかどうか確信の持てないことなら、『いた』などと断定せずに『学校にいたようだ』と言うのですが、実際の話ですから。その学校には誰もいなくても、しかも大勢の人がいました。というのは、回りを見ても何も見えないのですが、注意深く見ると他人の存在が感じられるのです。レッスンは私に向けられているようであり、私からそれることなく続くようでした……」

ムーディは別の被験者の体験を例に出して「ある人が図書館とか、高等教育施設と呼ぶようなところに入っていたと言っていましたが、あなたの言わんとしているのも、そのようなものでしょうか？」

とたずねましたが、彼はこう答えました。

「まさにそのとおりです。その人がそう言ったと聞いただけで、その人が何を言おうとしたのかよく分ります。自分と同じ体験をしたのです。それでいて、わたしと違う言葉を使ったというのは、それを表現するのに言葉がないからです。この世に比較対照するものがないので、どう言ったらよいのか分らないのです。どう説明しても、言い得ているというのにはほど遠いのですが、精一杯やってみますと……その場所そのものが知識で、ありとあらゆる知識や情報がすぐ手に入り……それを吸収し……瞬時にして答が分ってしまう……精神を集中すると、自動的に知識が流れこんでくるのです」

ある中年の女性は、「説明のしようがないのですが、一瞬わたしはあらゆることを知っていたようでした。その時は情報も必要としないで、知りたいことは何でも知り得ました」と表現しています。

アカシックレコード

おそらく、神智学者のブラヴァツキーや人智学者のシュタイナーなら、これらの瞬間的な認識の体験を「アカシックレコード」の解読というに違いないでしょう。

「アカシックレコード」とは、エーテル界に刻印された全記録・全叡智の集積です。ここには、全宇宙の歴史が時間の流れに従って配列されており、「アカシック」自体は解読不可能な言語によって記された書物にたとえられます。

また、「アカシック」の語源「アカシヤ」とは、「虚空蔵」のことであるといわれます。つまり、「アカシックレコード」の解読とは、青年時代の空海が修行した「虚空蔵求聞持法」によって得られる認識体験でもあるのです。

わたしたちは死ぬ時、「アカシックレコード」を解読し、ムーディの被験者の女性のように、「一瞬にして、全時代のあらゆる秘密、宇宙、星や月、ありとあらゆるものの持つ意味」を悟ることができるのでしょうか。やはりプラトンが、「知るということは、思い出すということである」という言葉を残しています。

わたしたちはこの世に生まれてくる前、すべてを知っており、母親の胎内に宿った瞬間、それを忘れてしまうのかもしれません。現世での一生とは、その忘れてしまった全宇宙の秘密を思い出していく旅だという見方もできます。

バレットの研究

ロスやムーディ以前にも臨死体験の研究者がいなかったわけではありません。

たとえば、まず一九世紀後半のアイルランドの物理学者、サー・ウィリアム・バレットがいます。彼は、ダブリンのロイヤル科学カレッジ教授でしたが、メスメリズム（催眠術）への興味から発展してスピリチュアリズム（心霊科学）に関心を抱き、一八八二年にはロンドンに心霊研究協会（ＳＰＲ）を設立した人物です。バレットは特に、「臨終ヴィジョン」の事例を集め、のちに本にしました。

バレットの妻は、ノース・ロンドンにある産婦人科病院で医師をしていました。

あるとき、一人の女性が出産のあとで心臓発作をおこしました。バレット女医が手を握っていますと、その女性は、「暗くなってきたわ」と言ったので、夫と母親が呼びにやられました。しかし、その女性は部屋の一隅を見て、こう言ったのです。「あら、きれいだこと」「何がきれいなの?」「きれいな光——すてきだわ」。

それから彼女は、「まあ、お父さま!」と亡くなった父の名を呼びます。赤ん坊が連れてこられました。「わたし、赤ちゃんのためにとどまるべきかしら?」。彼女は「父親」のほうに目を向けて、「とどまれないわ」と言います。夫が到着したとき、彼女は部屋のむこう隅を見て叫びます。「あら、ヴァイダじゃないの!」。ヴァイダは、その女性の妹で、二週間前に死亡していましたが、動揺をさそわないよう、彼女にはその死が伏せられていました。そして、その女性はまもなく死亡しました。

彼女が死の瞬間まで死んだ親戚を見ていたらしいことは、バレット女医、病院の婦長、夫、母親の全員が証言しています。女医の夫であるバレットは、これらの状況を証明する手紙を母親からとりつけています。バレットは、この報告を最初にして、臨終の患者が死んだ親戚を、その死を知らないままに「見た」事例を数多く紹介しています。彼はまた、臨終の患者がまだ生きている人間を「見た」という事例は知られていないと指摘しています。

オシスの研究

バレット以降では、カーリス・オシス博士がいます。彼は、一九一七年ラトヴィアに生まれ、デューク大学で現代の科学的超心理学の創設者であるジョセフ・バンクス・ライン博士とともにＥＳＰ（超感覚的知覚）と予知能力の研究を行なったのち、ニューヨーク超心理学協会研究所長になった人物です。

オシスは臨終ヴィジョンに関心を持っており、医師や看護士にアンケートをまわして患者の臨終時における体験をたずねるという、合理的な方法を用いて研究しました。六四〇通の回答が戻り、三万五〇〇〇以上の事例が集まりました。一九六一年、オシスはこれを、

『医師と看護婦による臨終観察記録』として出版しました。

オシスはまず、臨終患者の大半は恐怖をおぼえないということを発見しました。不快感や苦痛はありません。けれど驚くべきことに、多くの患者は死の瞬間に高揚し、興奮の絶頂でヴィジョンを見るのです。これは、およそ二〇人に一人が体験することです。

ヴィジョンはもっぱら、「美しい都市」や「約束の地」など、「天国」に関するものが多いわけです。六歳で死亡したある少年は、美しい花を見、鳥の声を聞いたといいます。こうした患者の大半は、完全な覚醒状態で明晰な意識を保ち、興奮もしていません。治療によって死から引き戻された患者の多くは、しばしば生き返りたくないという意志を示し、「あそこに戻りたい」といった感慨をもらしました。

ある医師は臨終ヴィジョンを自ら二度体験しましたが、その原因を脳の酸素欠乏に求めました。一度目の体験は溺死しかけた時で、もう一度は飛行機の呼吸装置が故障し、酸欠で死にかけた時のものでした。どちらの場合にも、美しいイメージがあらわれて深い幸福感につつまれ、溺死から蘇生した時は憤慨をおぼえたといいます。しかし、ベテラン医師たちはこの意見に反駁していますし、オシスもまた、こうしたヴィジョンの多くが最終的な死の昏睡に入るかなり前の、完全な覚醒状態で行なっていることを指摘しています。

オシスは慎重な態度を維持したまま、自分の研究の結論をまとめました。

まず、臨終ヴィジョンにあらわれる親戚はすべて故人であるというバレット説は誤りであるとしました。オシスの調査では、故人が五二パーセント、生きている親戚が二八パーセント、そして二〇パーセントは、キリストなどの宗教的な人物であるといいます。しかし、SPRが行なった幻覚調査によると、健康な人間が幻覚を見る場合、死者よりも生者があらわれることのほうが二倍も多いといいます。すなわち、死者の幻覚が優位を占めているのは、臨終事例の特性だと言えるのです。

オシスはまた、臨終患者は鎮静剤を飲んでいたり、熱にうかされているではないかという批判に対し、死んだ親戚のヴィジョンを見た患者の大半は鎮静剤を飲んでいなかったし、幻覚を誘発するような病状でもなく、完全な覚醒状態で質問にも適確に答えられたと指摘しています。

オシスは最後に、この所見は、とりわけ他文化における事例をさらに研究することによって、裏づけを得る必要があると締め括っています。そこで、この意見を受け、彼の同僚アーレンダー・ハラルソンがインドで同じ実験を行ないました。まったく異なった、特に「死後の生」が重視されない文化においては、臨終ヴィジョンも当然、異なったものになることが予測されましたが、結果はそうはなりませんでした。ハラルソンは、インド人の臨終ヴィジョンがアメリカ人のものとはほとんど変わらないことを発見したのです。

死を美化していいのか

自死を美化しない

本書の読者の中には、「死を、まったく不幸などではないロマンティックな出来事として書いている。これほどまでに死を美化してよいのだろうか？」と疑問に思う人がいるかもしれません。わたしには、その人が言わんとすることがよくわかります。わたしの言説が自死を助長しているのではないかという疑問です。死や死後の世界をあまり美しく描きすぎると、それに憧れて自ら命を絶つ者が出てくるのではないかという心配です。

わたしが言いたいのは、われわれは死を未来として生きている存在なのだから、その未来が不幸であってはならないということです。

また、美化するといっても、それは死のコンセプトをポジティブな位置に置くということであって、別にホラをふいたり、脚色したりはしていません。あくまでも充実した生を前提にして、死や死後の世界は本当に美しいものだと思っています。しかし、自死者が〝あの世〟で幸福に暮らしているかというと、そうは思いません。

人智学の意見

ルドルフ・シュタイナーの意見を紹介しましょう。シュタイナーは一八六一年生まれのドイツの思想家であり、二〇世紀最大の神秘主義者といわれる人物です。初期はゲーテの自然学に親しみ、ゲーテの科学的著作の研究者として第一人者となりました。しかし一九〇二年、神智学協会ドイツ支部に参加、霊学へと方向を転じました。そして、従来うさんくさいと思われてきた神秘学の方法と認識を、近代的な精神の立場から新たに解釈し直す方法論をとり、神智学からも飛躍して、一九一三年に人智学を提唱しました。

「神智学」とは、ヘレナ・ペドロヴナ・ブラヴァツキーという一九世紀ロシアの神秘学者が霊媒として得た霊的体験内容をもとに、それを当時の自然科学や人文科学の数多くの文献と照らし合わせて、宇宙発生論と人間発生論として体系化したものです。

また、シュタイナーが提唱した「人智学」の基本は感覚の理論とカルマの理論が中心だと言えます。感覚というのはシュタイナーにいわせると、一二の分野があります。視覚、聴覚、味覚、嗅覚、触覚、それから熱感覚、均衡感覚、運動感覚、生命感覚、言語感覚、概念感覚、個体感覚です。この一二の感覚を深めることが新しい感性を打ち建てることになります。感覚論が人智学の出発点であり、基本なのです。もう一つは、生まれ変わりの思想、あるいはカルマ論です。輪廻転生やカルマ論を現代人にも納得できるような形で提供することが、同じく人智学の大きな課題です。

さて、シュタイナーは、その著書『神智学』において、死後の霊魂の霊界でのさまざまな体験を詳しく紹介しています。シュタイナーの説は臨死体験者の報告によっても裏づけられているもので、自死に起因する死後の世界の体験は、いずれも、不快なものだったと報告されています。他方でレイモンド・ムーディが会ったある女性は、「悩みを抱いたまま、この世を去ると、あの世でも悩み続けることになる」と言っています。

要するに、自死を図った人々は、自死することによって逃れようとした葛藤は死後も存続し、ますます複雑化すると報告しているのです。物理的肉体から遊離していた際に、この人々は自分たちが抱えている問題をどうすることもできなかったし、自分たちの行為がもたらした不幸な結果を傍観するしかありませんでした。ムーディの『かいまみた死後の世界』には、妻の死に落胆し、銃で自死を図って「死んだ」が、蘇生した男性の話が紹介されています。彼は、「妻がいるところへは行かなかったのです。わたしは恐ろしい場所へいったのです……一瞬内に、自分が犯した誤ちに気づきました……『あんなことをするのではなかった』と思いました。」と語っています。

この不快な「恐ろしい場所」の体験者の中には、長時間ここにいることになるのだと思ったと、語っている人もいます。こうなったのも、自分が責務（人生における一定の目的を達成すること）から永遠に自分を解放しようとして、「定め」を破った報いなのだと言っています。このような見解は、他の原因で「死んだ」数人の人々が話したことと一致しています。この人々は、物理的肉体を離れていた時に、自死は実に不幸な行為であり、自死すると厳しい罰を受けることになるという暗示を受けたと報告しているのです。

事故で「死んだ」ある男性はこう結んでいます。

「(あそこにいた時)、自殺と殺人の二つの行為だけは、決してやってはならないという気持ちになりました……。自死するということは、神の恵を神の顔に投げ返す行為に他なりません……。殺人は、その人間に対する神の意志を防げることになるはずです」

ドイツ哲学者カントによれば、自死は神の意志に逆らう行為であり、自死によって来世に踏み込むことは、神に対する反逆とみなされるのです。

不慮の事故や子どもの死は?

こういう疑問を持たれる読者もいるでしょう。

「死は、やはり不幸な出来事ではないのか？　なぜならば、不慮の災難や病気によって若くして死ぬ人は、明らかに不幸ではないか。子どもが死んだら、悲しいではないか」

たしかに死は悲しいです。しかし、その悲しみは、愛する者と別れなければならない悲しみです。死そのものが悲しい出来事ではないのは、これまで書いてきた通りです。

不慮の災害や病気による早死にの問題に対しても、わたしはシュナイターの思想に共鳴しています。誰かが病気になり、通常の人よりももっと短命な一生を終えたとします。その人は病気によって死にました。彼は、通常の人生であれば、十分に生かし切れたと思われる力を死後も保持しています。夭折しなければ十分に発揮できたと思われる力が、いわば余力となって残っています。彼の死後、その力がその人の意志と感情の力を強めます。そして、そのような人は、夭折しなかった場合よりももっと強烈な個性を持った人間として、再び地上に生まれ変わってくるのです。

子どもの場合もまったく同様です。幼くして死んだ子どもは、強力なパワーをもって霊界に参入し、天才として生まれ変わってくることが多いといいます。長生きできる生命力を持っていた人間が不慮の災難に遭って、地上の生活から引き離されてしまうとき、その残された生命力は霊界において知的な認識力として使用することができるのです。いわば、生命力には「エネルギー保存の法則」が働いているのです。シュタイナーによれば、大発明家には、前世において不慮の死を遂げた人が多いといいます。

もうおわかりのように、シュタイナーの思想というのは、キリスト教をベースにしながらも仏教的な香りを強く放っています。ヨーロッパの思想でありながら仏教などの東方的叡智を大きく取り入れたことは、神智学や人智学の大きな特徴なのです。

死がブッダ的智の表われであるなら、シュタイナーが死を考える上で、輪廻転生やカルマなどのコンセプトに目を向けたのは当然でしょう。

ブッダの死生観

では、ブッダその人は「死」をどう見ていたのでしょうか。

「ブッダ」とは、「めざめた人」という意味です。北インドのシャカ族の王子であったゴータマ・シッダールタは、「世間の患者たちは、自分が老い、病み、死ぬことを忘れ、他人の老、病、死をけぎらいするが、わたしは自分も老い、病み、死ぬことを思い、快楽を避けて修行し、静寂の境地に至りたい」と考えました。

そして、ゴータマは出家しました。彼はある夜、人間の苦悩を解明するべく瞑想に入り、次のように洞察しました。

「人々は生死を繰り返し、そのたびに老死などの苦悩を受ける。老死の原因は誕生（生）にある。誕生の原因は生存（有）にあり、その原因をさらに遡れば、執着（取）、欲望（渇愛）、感受（受）、感触（触）、感覚の機能（六処）、心と物（名色）、精神活動（識）、生活活動（行）が見出され、その最初の原因は根本的無知（無明）である」

このようにして、ゴータマはすべての苦悩の根源は人間の根本的無知にあると悟りました。根本的無知によって生活活動以下が次々に生じ、ついにあらゆる苦悩が生じたのです。したがって、根本的無知が滅すれば生活活動以下が次々に滅し、あらゆる苦悩が滅する。

この道理こそ、「縁起説」として知られるものです。

そして、縁起を瞑想したその夜を過ごしてあくる朝、暁の空に明星が現われたときに、ゴータマはブッダとなりました。紀元前五二五年頃の満月の夜のことです。

死は夏休みのようなもの？

子どものように明るく自然に暮らすこと、これがわたしたちのテーマです。わたしは、死をよく小学生の頃の夏休みのはじまりにたとえます。夏休みとは霊界、すなわちハートピアであり、新学期とは来世なのです。誰でも夏休みが近づくと、ワクワクします。

黒澤明監督の映画「夢」に出てくる老人のセリフではありませんが、生きることは苦しいとか何とかいっても、それは人間の気取りかもしれません。正直、生きているのはいいものです。とても面白いです。おいしい食事も味わえるし、スポーツも楽しめます。本を読んだり、映画を観たり、音楽を聴くこともできます。仕事をしている時の充実感や、休日の解放感も生きていればこそです。生きていれば、燃えるような恋愛だってできるではありませんか。肉体を持ち、重力に引っ張られた世界というのも、住めば都なのです。生きている時は生きている時の、死んだ時は死んだ時の幸福というものがあるはずです。

わたしは今、声を出して叫びたい気分です。

「生きることは面白い！」

そして、

「死ぬのが楽しみだ！」と。

第二部

月

月と日本人

月を愛する日本人

月はロマン主義の象徴であり、夜空を見上げるとそこに浮かんでいる物体です。

今まで目に見えないから不安で怖かった霊界が月だということになると、死のイメージはやさしく変質していくでしょう。

幼い子供たちも、「死んだおじいちゃんは今、あそこにいるんだ」「死ぬってことは、月へ行くってことなんだ」と思い、理想的な死のイメージ・トレーニングを無理なく行えるのではないでしょうか。まさに月を雲界に見立てることは、死のイメージのパラダイム転換なのです。それは長らくわたしたち日本人が死にともなっていた地下へのまなざしを、天上へのまなざしに変えることでもあります。

まなざしを月に向けたとき、「死」は「詩」となるのです。

ところで、日本人は月が好きです。愛しているといっても過言ではありません。日本人の文化を考える上で「自然」という言葉がキーワードになりますが、松尾芭蕉は、自然を「造化」と呼びました。「造」はつくりだすこと、「化」は形を変えることです。

日本の自然においては、「雪月花」がそのシンボルとなります。

雪は季節の移り変わり、時間の流れを表わし、月は宇宙、空間の広がりを表わします。花は時空にしたがって表われる存在現象の象徴といえます。ここでは「造化」すなわち「雪月花」として、それぞれの意味を説いていますが、「造化」の三大要素の一つが「月」である意味は大きいと言えます。

日本では、明治の初めまで暦は太陰暦（太陰太陽暦）が使われていました。太陰暦は月を基にした暦であり、農耕のプランもそれによって決められていました。当然、日本人の生活全体にわたって月が深く関わってきたことがわかります。

日本の歴史は月とともにあったと言ってもよいでしょう。

日本人の月志向

日本人の月への志向は、太陽暦が採用された明治以降もほとんど変わりはありません。やっと昭和三〇年になって、石原慎太郎が小説『太陽の季節』を発表し、その翌年、弟の裕次郎の出演で映画化され、大ヒットしました。「太陽族」という流行語まで生まれましたが、それも全体の流れからすれば単なる現象にすぎません。『古事記』における「天の岩戸」の神話などいくつかを除いて、日本文学史のほとんど全体が「太陽の時代」というよりも「月の時代」です。それは日本人の感性と月がぴったり合うからにほかなりません。

『古事記』や『日本書紀』にはツキヨミノミコトという月の神が登場します。

『日本書紀』にいう太陽神のオオヒルメノムチ（『古事記』の天照大御神）に対するもの

ですが、『日本書紀』には、この月の神が太陽神の使いとして葦原中津国《あしはらのなかつくに》にウケモチノカミ（保食神）を訪ねたものの、不幸な行違いによって殺害してしまったので、太陽神が怒って一日ずつ隔離して住むこととしたと書かれています。

これは明らかに日月交替を説明した自然神話でしょう。

ツクヨミノミコトは、後世にはただの月の異名としてとどまっただけです。

たとえば、『万葉集』に「月読」「月読男」と歌われている程度で、ギリシャ神話の月の女神アルテミス（ローマ神話のダイアナ）が長く文学に扱われたような例はありません。

そしてこれを除くと、日本の月の伝承は主として中国から影響されています。

まず『万葉集』には、月を「月人壮子《つきひとおとこ》」などと呼んでいますが、これはもと月中にあるカツラの木を切っていると想像された壮夫に由来して、唐の『酉陽雑俎《さいゆうざっそ》』に「月中に桂あり……高さ五百丈、下に一人ありて常にこれを斫る」とある伝説にもとづいています。

これによって月を「桂男」とも呼びました。そして、この月中のカツラの木は八月一五日に実を降らすといわれ、それが信濃の姨捨に落ちたものが、観音堂の近くにあるカツラの大樹となったと伝えられています。

次に、月中に月の都があり、月宮殿があるという中国の思想を受けて、『竹取物語』という最高にロマンティックな物語が生まれました。『竹取物語』には、月の都からやって来たかぐや姫が主人公として登場してきます。かぐや姫の美しさはこの世のものとは思われないほどで、その美しさに魅せられた五人の貴公子が妻にしようとしますが、かぐや姫に難題を出されて悪戦苦闘します。結局かぐや姫は誰とも結婚せずに名月の夜、月に帰っていきます。止めようとしても、月の使者たちの前には何のなすすべもありません。

月の美しい輝きの前にはまったく無力な人間を登場させることで、月の美しさを際立たせた物語です。そこには日本人の月への憧れの強さが端的に語られています。

月の美を描いた物語としては、『源氏物語』の須磨巻と、『平家物語』の月見の章も有名です。後者は、福原遷都によって、今や廃墟と化そうとする京都を、徳大寺実定が「古き都を来てみれば、浅茅が原とぞあれにける。月の光りはくまなくて、秋風のみぞ身にはしむ」と今様に歌う話です。そこには歴史の転換を無心に観じ、月の清冷な美が歌い出されています。鎌倉時代になると、月に宗教的な美を感じ取って、その本地を勢至菩薩として拝んでいます。それは『天地本起経』という偽経に記された仏教説話から出た信仰で、謡曲に歌われた月にはこの傾向が強いようです。

江戸時代になると「證城寺《しょじょじ》の狸囃し」の話があります。證城寺は千葉県木更津市内にある寺で、当時は非常に淋しい場所でした。寺の周囲はことに淋しかったのですが、住職が音楽好きで壇家の子女に音楽を教えていたことから付近の狸たちが感化を受けて音楽好きになりました。名月の夜には寺の庭に集まって腹鼓を打って踊りに興じたといいます。

明治以降でも「荒城の月」「月の砂漠」「朧月夜」などの唱歌が長く愛唱されてきたほか、歌謡曲では「大利根月夜」、民謡では「炭坑節」などが月を歌いました。

太陽をテーマにした歌がショートヒットしかしないのに比べて、月をテーマにした歌がいくつかロングヒットしている事実は、日本人の美意識が太陽よりも月に通い合うことを示しているように思います。

宇宙と葬儀の本質

人間は星のかけらからできている

葬儀の本質とは何か。わたしは、「宇宙の子」である人間が本来の故郷である宇宙に還ってゆくセレモニーであると考えています。人類の生命が宇宙から来たという仮説は、多くの科学者が支持しています。

DNAの二重螺旋構造を提唱してノーベル賞受賞者となった分子生物学者のフランシス・クリックが「生命の起源と自然」を発表し、生命が宇宙からやってきた可能性を認めました。その後、イギリスのフレッド・ホイルとスリランカ出身のチャンドラ・ウィックラマシンジという二人の天文学者は「パンスペルミア説」において他の天体で発生した生命の種子が、彗星によってもたらされたと主張したのです。

その後、クリックはさらに、高度に進化した宇宙生物が生命の種子を地球に送り込んだとする「意図的パンスペルミア説」を提唱しました。地球が誕生する以前の知的生命体が、意図的に〝種まき〟をしたというSFそのもののような仮説です。

「パンスペルミア説」が正しいにせよ、SFのような「意図的パンスペルミア説」が正しいにせよ、わたしたち人間の肉体をつくっている物質の材料は、すべて星のかけらからできています。これは間違いないでしょう。その材料の供給源は地球だけではありません。はるかかなた昔のビッグバンからはじまるこの宇宙で、数え切れないほどの星々が誕生と死を繰り返してきました。その星々の小さな破片が地球に到達し、空気や水や食べ物を通じてわたしたちの肉体に入り込み、わたしたちは「いのち」を営んでいるのです。

わたしたちの肉体とは星々のかけらの仮の宿であり、入ってきた物質は役目を終えていずれ外に出てゆく、いや、宇宙に還っていくのです。宇宙から来て宇宙に還るわたしたちは、「宇宙の子」であると言えます。人間も動植物も、すべて星のかけらからできているのです。

月面聖塔

死後の世界のイメージ

すでにふれましたが、日本の黄泉の国をはじめ、死後の世界のイメージは常に地底と結びついていました。

なぜなら、遺体は地中に埋められるからです。地底は、地獄のイメージにつながります。いくら宗教家が、「霊魂だけは天上へ昇る」と言っても、遺体を暗い地中に埋めるインパクトのほうが強くて、打ち消されてしまうのです。その証拠に熱心なキリスト教徒でさえ、吸血鬼伝説を信じていたではありませんか。

死後の世界が地獄と結びつくと、死の恐怖が生まれます。

新興宗教を含む日本の一部の宗教においては、「人は死ぬと、まず地獄に落ちる」といって、それをなるべく避けるために信者から浄財をせしめるという脅迫産業のような一面があります。「地獄へ落ちる」と言いふらして、いたずらに人々の死の恐怖をあおる宗教屋こそ、地獄へ落ちるのではないでしょうか。

われわれは「死」を未来として生きているのですから、死後の世界のイメージは美しくなければなりません。地獄を目的地として進むとしたら、われわれの人生など、不幸以外の何ものでもありません。死後の世界のイメージを美しくデザインするためには仕掛けが必要であり、その仕掛けが葬儀や墓地なのです。

「美しい死」の仕掛けとなる葬儀や墓地、これらを実現する最高の舞台装置をわれわれはすでに持っています。言うまでもなく、月です。

月こそは、死後の世界の象徴であり、輪廻転生の中継基地であり、かつ、ロマン主義の代名詞です。月こそは、魂の理想郷ムーン・ハートピアなのです。

月こそ墓をつくるべき場所

わたしは、月に墓をつくるべきだと思います。月面基地ならぬ月面墓地です。まず、地球人類の墓として、記念碑となるような聖塔を建てます。

人類の生命全体の記念になる慰霊の塔を全宗教一致した形で見守り、関与していきます。幽体離脱して、さらに地球離脱した霊魂は、この月面聖塔を目指して集まり、そこからムーン・ハートピアに入っていくのです。

アポロの宇宙空間への参入は、いわばメカニカルな幽体離脱体験でした。地球という肉体から離れた、いわば地球人類の霊魂であるアポロは月に降り立ちました。そして、宇宙飛行士たちは月面で、「神」に遭遇したのです。その月に地球人類の墓をつくるのです。

月面に建造物をつくることなど、世界中の最先端技術を用いれば、あっさり実現してくれるでしょう。月面聖塔構想に一抹の不安があるとすれば、それはハードの問題ではなく、法律の問題です。

現在、月に関しては国際法の「南極条約」と同じような「月条約」といわれる宇宙法があります。南極と同様、月は万国共通の所有地であり、特定の国や、特定の目的のために勝手に利用できないようになっているのです。しかし、例えばアメリカでは二〇一五年に月の資源の所有が個人・法人に認められていますし、世界各国の大都市で深刻な問題になっている墓地不足の解消や、悲惨な戦争の大きな原因である宗教間の対立を弱めることなどをコンセプトとして打ち出せば、全世界共通、全宗教共通の月面聖塔を建立するのは不可能ではないと思います。世界中の国を参加させるオリンピックだって実現しましたし、現在でも続いているわけですから、月面聖塔がつくれないはずはありません。

またわたしは、実際に月面開発がスタートすれば、法律そのものも大幅に緩和されると思っています。なぜなら、現在の地球上における最大の論理とは、資本の論理だからです。月にはハイテクからレジャーまで、無限のビジネス・チャンスが眠っています。ユダヤ資本をはじめとする世界各国の大企業がこれを見逃すはずがありません。

月というマーケットは、戦略的にも経営的にも現代資本主義最大の戦場となる可能性があるのです。けれど地球での反省をふまえ、月を聖地にする前に、ただの利権のみで戦場にしてしまってはなりません。

月には、「万教同根」「人類同根」の記念碑でもある聖塔こそ建てるべきだと思います。

納骨堂を超えるイメージ

特に日本人にとって、月面聖塔の持つ意義ははかり知れないほど大きいと言えます。

日本の墓地の問題は深刻になる一方です。墓を守る者がいなくなり、無縁となって消える墓も多くなっています。墓を持たない日本人の霊魂はどこへ行き、どこで休息し、どこで生き残った者とコミュニケーションするのでしょうか。

こういった日本の墓が抱えている矛盾を、昭和の初めに指摘した人物がいました。昭和七年に『不滅の墳墓』を発表した細野雲外です。

「なぜ、すべての墓は無縁になって滅びていくのか」という彼の単純な疑問は、あまりにも普遍的な問題を含むものでした。彼は無縁化によって墳墓がいかに荒廃してきたかを論証した上で、同時代の人々の不明を非難し、民衆の墳墓を不滅化する必要性を説きます。墓地の荒廃の原因は、死後年月が過ぎいつのまにか墓守がいなくなることだから、従来の家墓や個人墓の様式では、それを防ぐことはできません。

では、どうすればよいのでしょうか。細野は、都市レベルの供養塔を建設するというプランを提案しています。戦没者の合同慰霊塔のような、都市の住民すべてを葬る合同墓としての「都市墓」を建てるのです。そうすれば直系の子孫でないにしろ、遠い未来においても必ず誰かが供養してくれるというのです。

このような発想をベースとして描き出された「不滅の墳墓」は、数百万体の遺体を納めることができる巨大な納骨堂のイメージでした。細野は著書の中で、信州の山村などに時折見うけられる「一寺一墓制」を詳しく紹介しています。この制度は、その集落に属したすべての魂をただ一つの墓石に順次祀るというものです。数百数千の魂が眠るモニュメンタルな墓に入るための必要条件は、その村で生まれ育ち、そして死ぬことです。墓と墓場がまったく一致する、コミュニティ単位の墓、いわば「村墓」です。要するに細野の提案は、「一寺一墓制」のスケールを都市レベルに拡大しようというものだったのです。

月面聖塔というのは、細野の「都市墓」をさらに「地球墓」として拡大したものであると言えます。しかも、月は地球上のあらゆる場所で眺めることができますから、あらゆる場所で月に向かって手を合わせれば先祖供養ができるわけです。

大変な思いをして住まいから遠く離れた場所に墓参りをしなくても、月は毎晩のように出るので、死者と生者との心の交流も活発になります。特に満月の時は転生の計画が実施される時であり、月から無数の霊魂が地球に戻ってくるという説があります。満月のときは、いつもより念入りに供養をすればよいでしょう。それは満月の夜のロマンティックでノスタルジックな死者との交流です。

宇宙葬ではない

ただ、月面聖塔は単なる「一寺一墓制」の拡大ではありません。それは必ずしも遺骨や遺灰を伴わないからです。実は、わたしは当初「月面墓地」というアイディアを思いついた時に、親指大のカプセルに遺灰を入れて、数万個単位で宇宙船で運び、月面に落としていくというプランを考えました。アメリカで生まれた宇宙葬と似たような発想です。

しかし、わたしはその後、考えを改めました。たしかに人間の霊魂は月から来たにせよ、人間の肉体はあくまで地球で生まれたものです。地球で生まれたものの残骸を月に帰すというのは理屈が合わないと考えたのです。

月に帰すのは霊魂だけでよいのです。遺骨や遺灰は、地球の上で土に還っていくほうが自然です。月から来たものは月に帰し、地球で生まれたものは地球に帰すという簡単明瞭な理論です。また、遺骨や遺灰を入れたカプセルを宇宙へ運ぶとなると、費用がかかりすぎます。たとえ数万人で一回の打ち上げ費用を分けるとしても、それでも一人数百万円はかかります。そうなると、経済的な問題で宇宙へ帰れる者と帰れない者とが出てきます。

わたしは、生きている者はもちろん、死者の霊魂というのは絶対に差別してはならないと考えます。現代の高価な墓地同様に、宇宙葬もまた、「霊魂の差別」を生む危険性を孕んでいます。わたしたちの肉体は土に還りたいと願い、霊魂だけが月へ帰りたがっているのではないでしょうか。

月を墓に「見立てる」

さて、月面聖塔が特に日本人にとって大きな意義を持つ理由はもう一つあります。それは「見立て」の問題です。「見立て」とは、「Aは、まるでBのようだ」というふうに、共通する要素を持つ二つのもののうち、一つのものを、別のものを使って詩的に表現することです。言いかえれば、詩心をもって二つのものの共通項を見つけ出すことなのです。

日本人は、非常に「見立て」が好きな民族であると言えます。「見立て」の代表的な文学作品である『枕草子』から例を取り上げると、「全面に卯の花を挿した車」を「花の生け垣」に見立て、「枯れた紅葉の葉」を「干からびた虫の死骸」に見立てています。

また、『作庭記』においては、池もなく遣り水もないのに、石の立て方一つを、「大海、大河、山河、沼地、芦手」などに見立てて配置しています。そのようにしてつくられた庭を「枯山水」と呼びます。「見立て」とは、このように詩的な比喩なのです。

実は、月に墓をつくり、地球上から月を拝むということは、「月」を「霊界」に見立てていることにほかなりません。特に日本人は、目に見えないものを、目に見えるものに見立てることを好みます。たとえば、東大寺仁王像を「内なる葛藤」に見立て、竜安寺石庭を「悟りの心」に見立てたりします。それはきっと、目に見えないものに対する恐れと、祈ったり忌んだりする対象物が具体的に視覚化されないと、自分の念が集中放射されないからではないでしょうか。日本人は、目に見えない抽象的な概念だと、頭の中にイメージしにくいのです。「霊界」というのも、目に見えないから怖いのであり、どこまでも観念的で具体的な場所がわからないから、自分との距離感がつかめないのではないでしょうか。

現在の日本では、多くの宗教家や霊能者がそれぞれに「死後の世界はこうなっている」と断言しています。しかし、それらの霊界像はすべてまちまちであり、一般の人々は、どれを信じていいのかわかりません。また、霊界が目に見えないことを利用して、ハッタリだけで信者から金をせしめる詐欺師が多いことも事実です。

現在、多くの日本人が自分の人生に、どういう意味で死を位置づけようかと考え、自分なりの霊界像を求めています。

しかし、それは簡単にいくものではありません。なぜなら、霊界に対する「見立て」というものが存在しなかったからです。わたしたちは、「霊界」を「月」に見立てようではありませんか。ムーン・ハートピアの存在を信じられない人でも、月の満ち欠けという輪廻転生の自然的証拠だけでも、この見立てに異論はないはずです。

月面聖塔のイメージ

　現在わたしが社長を務めている株式会社サンレーの創業者で、先代の社長であった父・佐久間進は、一九九一年一月の新年祝賀式典の挨拶において、「今後のわが社の大きな企業目標は、二一世紀の前半に月面聖塔を建てることである」と宣言しました。当時、サンレーに入社して間もなかったわたしが月面聖塔のイメージ・パース作成を担当しましたが、そのデザインは古代メソポタミアの月の神殿をイメージしたものになりました。

　映画「２００１年宇宙の旅」に出てくるモノリスのようなデザインも考えたのですが、卵に似たメソポタミアの月神殿のほうが「輪廻転生」のステーションである月のイメージによりふさわしいので、そちらを選びました。言うまでもなく、卵からは新しい生命が生まれます。月面聖塔は、終焉としての死ではなく、死とともに新しい生をイメージさせるものにしたかったのです。

　この月面聖塔のプランは宗教哲学者の鎌田東二氏から大きなヒントを得ています。鎌田

月面聖塔

メソポタミアの「月の神殿」をイメージした月面聖塔のイメージ図。
卵の形にしたのは、終焉ではなく卵から新しい生命が
誕生するという「生」をイメージしました。

氏は、月面に地球を御神体として拝む三つ鳥居を建立するべきであるという考えを持たれており、わたしも大いに賛同させていただいています。

巡礼団をサポート

さらに、月を愛してやまない鎌田氏はまた、聖地である月へ行くための巡礼団を結成する「月面《ムーン》宙返り講《サルト・プロジェクト》」なるものを提案されています。

かつて日本民族に伝わった「講」という巡礼のスタイルがありました。伊勢講や富士講が有名です。たとえば、富士講ならば、富士信仰を持つ村の人々が寄り集まって一つの信仰集団を組織し、

定期的に先達を頭に御神体である富士山に登拝し、また行き帰りの道々を、風光を愛で、人情にふれて楽しみました。

たしかに月面聖塔をつくることによって、月が聖地になるならば、巡礼者が出てきます。月が墓地になるならば、墓参者が出てきます。いずれにしても月に聖塔をつくれば、そこを訪れようとする人々がいるわけですから、鎌田氏の言われるような講集団を組織する必要があります。それはまさに、ムーン・ハートピア・ツアーです。月へ行く講が実現できた時、冠婚葬祭互助会は先祖帰りをすると言えるでしょう。

地球を見ること

わたしたち生者が月に行く大きな目的とは、ムーン・ハートピアで死者と交流することはもちろん、肉眼ではっきりと地球を見ることにあります。宇宙に浮かぶ青い宝石を実際に見たとき、わたしたちの意識は確実に変わるでしょう。

そして内的インパクトを受け、覚醒したわたしたちは地球に戻って、それぞれに与えられた役割を果たすのではないでしょうか。

それはまるで、二度目の生を精一杯に生きる臨死体験者のようです。

幽体離脱体験も宇宙体験も、あちらへ飛び出すことが目的なのではなく、むしろ、こちらへと、この世へと帰還し、そこでの生をよりよく生きることに自らを向かわせることに意義があります。それは徹底的に現世的であり、現実に関わろうとする態度と勇気を生み出すでしょう。というよりも、この肉体の現象界と魂の実在界が別物でないことを、わたしたちに深く納得させるでしょう。

月へ行って地球に帰還することは、この世における心の理想郷＝ハートピア・ヒアをつくり出すための第一歩なのです。

月面に誕生する理想の病院

鎌田氏の考えに大きな影響を受けたわたしは、「ムーン・ハートピア・ツアー」というものを構想しました。それは、単なる月旅行ではありません。それは普遍思想を求める旅であり、人類を一つにする魂のネットワーキングを実現する旅です。

ムーン・ハートピア・ツアーは二一世紀の宇宙講ですが、昔の講には聖地への巡礼の他に、娯楽的な場所を訪れるという楽しみもありました。わたしは、伊勢をはじめとした講の目的地とは、現代のリゾートではないかと思っています。そこは、「癒し」の場所であると同時に「遊び」の場所でもあったのです。

月も、また然り。月には聖塔をつくるとともに、そのすぐ近くにムーン・リゾート・ホテルを建てるべきでしょう。月を訪れた人々は、そのホテルの中から真の御神体である地球を拝むのです。

第三部

葬

死と月

死後の幸福感は月のイメージ

　世界中の古代人たちは、人間が自然の一部であり、かつ宇宙の一部であるという感覚とともに生きていました。そして、死後への幸福なロマンを持っていました。

　その象徴が月です。彼らは、月を死後の魂のおもむくところと考えました。月は、魂の再生の中継点と考えられてきたのです。多くの民族の神話と儀礼において、月は死、もしくは魂の再生と関わっています。規則的に満ち欠けを繰り返す月が、死と再生のシンボルとされたことはきわめて自然だと言えるでしょう。

　人類において普遍的な信仰といえば、何といっても、太陽信仰と月信仰の二つです。太陽は、いつも丸い。永遠に同じ丸いものです。それに対して月も丸いけれども、満ちて欠けます。この満ち欠け、時間の経過とともに変わる月というものは、人間の魂のシンボルとされました。つまり、絶対に変わらない神の世界の生命が太陽をシンボルとすれば、人間の生命は月をシンボルとするのです。人の心は刻々と変化変転します。人の生死もサイクル状に繰り返します。死んで、またよみがえってという、死と再生を繰り返す人間の生命のイメージに月はぴったりなのです。

地球上から見るかぎり、月はつねに死に、そしてよみがえる変幻してやまぬ星です。また、潮の満ち引きによって、月は人間の生死をコントロールしているとされています。

さらには、月面に降り立った宇宙飛行士の多くは、月面で神の実在を感じたと報告しています。月こそ神の住処《すみか》をイメージさせる場所であり、天国や極楽のシンボルです。

死後の魂がたどる道

「葬」について語る前に、「死」と「月」との結びつきを見ましょう。なぜなら、「死」「死後の生」「死後の世界」「葬儀」「墓地」を貫くグランド・キーワードこそ、「月」だからです。

太陽は常に規則正しく、それ自体不変です。それに反し、月は満ちたり、欠けたり、見えなくなったりする天体で、生と死の普遍的な法則に従っています。月の生は人間のそれとまったく同じなのです。というのは、月はどんどん欠けていって、人間と同様、ついに死をもって終わるからです。その意味で、月は最初の死者であると言えます。まず一月のうち三晩の間、夜空には月が出ません。しかし、この死の後に再生が訪れます。つまり新月です。

四晩めに月が再生するように、死者もまた新しい存在様態を獲得します。死は消滅ではなく、存在のレベルの（大部分は）一時的な変更なのです。

死は別の種類の「生」に属します。しかも、この「死の中の生」は月の歴史によって、また大地の歴史によって有効とされ、価値づけられるところから（農耕の発見によって、月と大地の対応関係は広く民間に知られるようになった）、死者は再生するために、そして再生する新しい存在に必要な力を獲得するために、月に渡ったり、地下に潜ったりするといいます。まさにそれだからこそ、メーン、ペルセポネ、ヘルメスなどの月の神の多くは、同時に地下の神、死の神でもあるのです。

神話収集家で詩人でもあるロバート・グレイヴスによると、月信仰は一時、ヨーロッパ全土でみられたといいます。それが後になって宗教に、初めは多神教に、後にキリスト教にとって代わられたのです。

しかし、ヨーロッパに限らず月信仰は現在でも世界中に存在しますし、それらの多くは月を「死者の国」としています。しばしば、死後に月で休息する権利は、政治や宗教の首長のものであるとされます。たとえば、グァイクル族やトケラウのポリネシア人などは、そのように信じています。君主などの特権者や呪術師だけに不死性を与えることは、他の文化系においても見出されます。

こうした死後の月旅行は、インド、ギリシャ、イランなどの文化にもやはり残っているのですが、そこでは新しい価値を帯びています。

古代インドでは、死後、死者の魂がブラフマン（梵）の世界に帰って二度と地上に戻らない道を「神の道」と呼び、再びこの世に復帰して転生する道を「祖霊の道」と呼びます。これを二道といいますが、どちらの道も月を経由しました。

神の道を知っている人々、および森林において「苦行は信仰である」と念想している人々は、死後、火葬の煙からさまざまな道を通って太陽、月、雷光に入り、ブラフマンに至って、再び生まれ変わることはありません。これが「神の道」です。

その他の善人、および村において「敬虔さとは、祭祀と慈悲深さとである」と念想している人々は、死後、火葬の煙からさまざまな道を経て祖霊界、虚空を通って、月に到達します。月は神々の食物です。

祖霊の道につづく

新月になるまでそこに滞在した後、やって来たのと同じ道を戻って、虚空から風に戻り、さらに煙、霧、雲、積雲、となった後に雨雲となり、雨となって降ります。

地上に戻った彼らは、米や麦などの食物になって、男の精子となり、女の胎内に入って生まれ変わります。これが「祖霊の道」です。

バラモンの思想によれば、この二道のうち、バラモンに赴いて戻ることのない神の道が最高の理想とされました。後のインド思想で「解脱」とか「ニルヴァーナ（涅槃）」とかいうものに相当します。この世に生まれ変わってくる場合は、この世で好ましい生活を行なった人々はその程度に応じて、バラモン（司祭者）に、あるいはクシャトリア（王族）に、あるいはヴァイシャ（庶民）に生まれ変わるでしょう。

しかしこの世で悪いことをした人々は、動物あるいはシュードラに生まれ変わるでしょう。後者は、これら二道を通りません。「生まれよ」「死ね」というだけでそうなる第三の状態です。だからあの世（死者の世界）は死者でいっぱいにならないのです。

また人は死後、火葬されると、その煙は天に上って月に入り、雨となって地上に降って作物となり、人に食われて男の精子となり、女の中に胎児として宿って生まれるという輪廻の五段階を祭火に託して説明したのが五火説です。

これによると、（象徴的に）天界を祭火として人間の信仰を捧げると月が生じ、順次に雨神、地界、男子、女子をそれぞれ祭火としてまつる時、それぞれ雨、食物、精子、胎児が生じます。この五火説を二道と総合して「五火二道説」といいます。

イランの伝承によれば、死者の霊魂はシンヴァト橋を渡って星に向かい、その中で有徳の霊魂は月に、さらに太陽にまで達します。一方、最も有徳の霊魂は、アフラ＝マヅダの無限の光であるガロトマンにまで入っていきます。

これと同じような信仰は、マニ教のグノーシス説にもあり、オリエントでその信仰は広まりました。ピタゴラス説は、天上界という抽象的観念を具体化して、天体神学を新たに発展させました。すなわち、「エリュシオン（極楽）」は月の中にあり、そこに英雄や皇帝が安らかに暮らしているのです。「幸福の島」をはじめ、死の神話的地理学はすべて、月、太陽、天の川などの天空の地図に投影されました。これらは明らかに、天文学的思弁や終末論的グノーシス説に深く染まった定式や崇拝です。

しかし、このような後代の定式を、「死者の国」としての月、「霊魂再生所」としての月という伝統的なモチーフと同じものとみなすこともできます。

古代人たちが昇天の際に経ていくと想定したいくつかの段階（太陽、天の川、上層圏）の中の一段階でした。霊魂は月の中に安息していますが、ウパニシャッドの伝承にあるのとまったく同様、霊魂はそこで、再び受肉まで、すなわち、再び生物宇宙的循環の中に戻るまで待っているのです。

そのために、月は生物の生成だけではなく、その解体をも司っています。月は、すべての生物の体と幼胚を形成するのみならず、生みだされたものを解体します。月の使命は、形を吸収して、再び形をつくりだすことです。生成を超越するものは、ただ月の彼方にあるものだけなのです。すべて永遠なるものは、月の彼方にあります。

そこで、人間は身体（ソーマ）、魂（プシュケー）、理性（ヌース）の三つの部分から成ると述べるプルタルコスのような人物は、「義人の魂は月において浄化され、その間に義人の身体は地上に返還され、その理性は太陽に戻される」と考えました。

魂＝理性の二元性に対応するのは、死後の旅路の、月＝太陽という二元性です。

ここで思い出されるのが、インドの二道説です。「祖霊の道」が月と深く関わるのは、「霊魂」が「理性」を持たなかったから、言いかえれば、人は究極の形而上学的実在であるブラフマンを知らなかったからです。

二つの死

プルタルコスによれば、人は二つの死を経るといいます。

第一の死は地上の女神デメテールのもとで、身体が魂と理性の群から離れて、再び埃に還る時に起こります。そのため、アテネ人は死者のことを「デメトレイオイ」と呼びました。

第二の死は月において、月の女神ペルセポネのもとで、魂が理性から離れて、月そのものに吸収されてしまう時に起こります。魂は月にとどまり、しばしの間、生前の夢や追憶を保持しています。義人はすぐに月に吸収されてしまいますが、野心家、我の強い者、自分の身体に魅かれている者などは、絶えず大地に惹きつけられ、そのために彼らが吸収されるのは、ずっと遅れることになります。理性は太陽に惹きつけられ、迎え入れられますが、太陽の本体に理性は合致します。

誕生の過程は、以上と逆の順序で展開します。すなわち、月は太陽から理性を受けとります。理性は月の中で胚胎し、新しい魂を生みます。大地は身体を供給します。ここで注目されるのは、人格の最初の統合です。理性＝魂の対が再生するために、太陽によって月が受胎するというシンボリズムです。

死者の魂の住処としての月という概念は図像化されて、アッシリア＝バビロニア、フェニキア、ヒッタイト、アナトリアなどの宝石彫刻に表現されており、やがてそれは全ローマ帝国の葬礼建造物に用いられるようになります。特に半月の葬礼的象徴は、ヨーロッパ全土に頻出しています。

だからといって、この象徴がローマ帝政下に流行したローマやオリエントの宗教と同時に、ヨーロッパに導入されたのではありません。ゴールでは、月はローマ人と接触するはるか以前から用いられており、土着の象徴でした。

ローマ帝国における「月の流行」は、先史時代の伝統を目新しい用語で表現して、その古代的概念を当世風にしただけなのです。

ホモ・フューネラル

葬儀は遊びよりも古い

ムーン・ハートピアの存在をふまえた上で、いよいよ「葬」について考えていきたいと思います。「葬」の問題を大きなスケールで語ることはいくらでも可能です。

たとえば、人類の文化は墓場からはじまったという説があります。すでに七万年も前に、旧人に属するネアンデルタール人たちは、近親者の遺体を特定の場所に葬り、時にはそこに花を捧げていたとされます。

死者を特定の場所に葬る行為は、その死を何らかの意味で記念することにほかなりません。しかもそれは本質的に「個人の死」に関わります。つまり死はこの時点で、「死そのものの意味」と「個人」という、人類にとって最も重要な二つの価値を生み出したのです。

ネアンデルタール人に何が起きたのでしょうか。

スタンリー・キューブリック監督の映画「2001年宇宙の旅」のヒトザルたちが遭遇したようなモノリスが目の前に現れたのでしょうか。何が起こったにせよ、そうした行動を実現させた想念こそ、原初の宗教を誕生に導いた原動力でした。このことを別の言葉で表現するなら、人類は埋葬という行為によって文化を生み、人間性を発見したのです。

オランダの偉大な文化史家ヨハン・ホイジンガは、ホモ・サピエンスのことを「ホモ・ルーデンス」（遊ぶヒト）と呼びましたが、わたしは「ホモ・フューネラル」（弔うヒト）と呼びたいです。

また、ホイジンガは、「遊びは文化よりも古い」と言いました。わたしは、「葬儀は遊びよりも古い」と言いたいです。実際、相撲や競馬や祭りやオリンピックなどの「遊び」の起源は、葬儀と深い関係があります。葬儀にあたって相撲をとることは、内陸アジアの遊牧民に一般的な習俗です。相撲に限らず、競馬その他のさまざまな競技が行なわれています。つまり、葬礼競技というものが内陸ユーラシア葬制の重要な特徴をなしているのです。

オリンピックと葬儀

現代のオリンピック競技のもととなった古代ギリシャのオリュムピア祭典も、内陸ユーラシア葬礼競技につらなるものでした。一八六〇年代のはじめに裕福なキルギス人アタ・バクが一年前に死んだ父の供養のために催した祭典を例にあげます。キルギス草原で催されたこの祭典には五〇〇〇人にのぼる人々が集まり、祭典の四日目に催される競馬がハイライトでした。また、キルギスの英雄叙事詩には、競走、レスリング、騎馬槍試合、競馬などが催される葬儀としての祭典が出てきます。

葬礼競技は、この北方ユーラシアの分布領域以外ではポリネシアにも見られます。たとえばキャプテン・クックの死は、ポリネシア人によって競技祭典をもって祭られました。また、カロリン諸島とベレプ群島とピネス島では、埋葬後しばらくしてから擬戦が行なわれます。ニューギニアのアストロラーベ湾では、死体を埋葬する前に男たちがこのような擬戦を行ない、セレベスのトラジャ族は死者祭宴にあたって擬戦により精霊を駆逐しようとします。オーストラリアのクィーンズランドの原住民は、毎年擬戦を行なって、この一年に死んだ者の精霊を空中に鞭打つことによって脅して追い払います。

北アメリカのオマハ族では、これらの闘技は競技の性格を持っています。ボルネオのミラノ族では、酋長の死者祭宴にあたっては闘鶏を行ない、インドシナのラオ族は相撲を行ないます。コーカサスのヘヴスール族では、死者祭宴のために催される競争と射的の賞品は、死者の衣類と家畜です。日本も例外ではありません。考古学者の森浩一氏は相撲がお葬式の儀礼と結びついていたと指摘しています。

つまり、葬儀の中から広い意味での「遊び」、ひいては「文化」が生まれたわけです。

演劇と葬儀

遊びと文化の本質が最もプリミティヴな形で表れているジャンルの一つに「演劇」があります。当然ながら葬儀は演劇とも深く関わっています。

葬儀とは、世界創造神話を演劇化したものと言われます。宇宙の創造の観念を持っている文化レベルが高いとされる民族（日本民族も含まれています）においては、その宗教は神話、儀礼、社会組織の三者が相互に作用し合っているといいます。そして、これらの相互関係の共通の中心をなしているのは「神観念」です。また、高い文化レベルに達した民族は、宇宙の秩序と人間社会の秩序との間に密接な関係があると考えます。

死は、宇宙の神的な秩序をかき乱し、社会に不幸をこうむらせます。この混乱状態を終わらせるためには、大きな祭式を催して秩序を回復し、かつ創造を象徴的に繰り返さなくてはなりません。葬儀は、死によって破壊された「宇宙の秩序」を新たにするのです。

月への送魂

神道式で描く未来の葬儀

月に人類の墓として月面聖塔をつくれば、当然、地球上での葬儀の内容も変わってきます。葬儀とは、死者の霊魂が故郷の月に帰るのを送り出すという儀式になります。「葬儀」は「送儀」ということになるわけです。一つ一つの葬儀が実は宇宙的な出来事なのだということを人々に感じさせることができれば、それが一人一人の死生観や生き方そのものに何らかのヒントになるはずです。

未来の葬儀についてそのイメージを紹介しましょう。

主に屋外か葬儀場の屋上で、それも夜に行なわれるでしょう。霊魂にとって故郷帰りの

月への送魂

「霊魂を故郷である月へ帰す」というコンセプトで始められた壮大な夜のスペクタクル・セレモニー。レーザー（霊座）光線を弓の矢として月へと放ちます。レーザー光線は実際に宇宙空間を通過して、月まで到達します。
「死は不幸なものではない」という想いをカタチにしました。

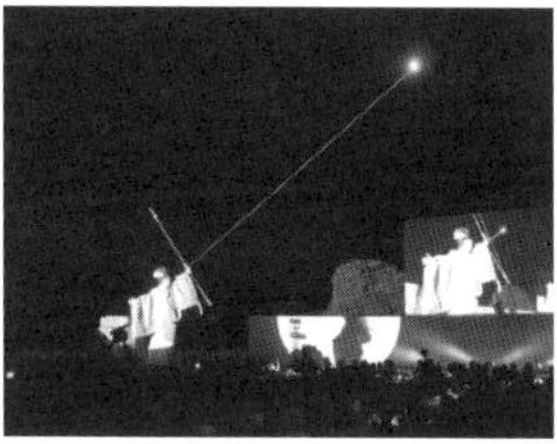

目出たいハレの儀式ですから、仏教の僧侶よりも、神道の神主のほうが儀式を司るのにはふさわしいかもしれません。祭神は、ツクヨミノミコト、もしくはツクヨミと同一神とされることもあるスサノヲノミコトです。

まず、遺体を入れた棺に注連縄《しめなわ》を巻きます。注連縄は、月と深い関わりを持つ蛇を表わしており、死と再生を象徴します。棺は、宇宙船を思わせるデザインです。なぜなら、死者はこれから宇宙へ旅立つからです。

神主が祝詞を唱えると、棺の上に突如、死者の生前の姿が全身で浮かび上がります。ホログラフィー（立体映像）の技術を使います。死者のホログラフィーは、にっこりと笑っていて、参列者にさわやかな印象を与えます。それからホログラフィーは光の粒子になって、レーザー光線のプロジェクターに吸い込まれ、今度はプロジェクターから夜空の月に向かってレーザーが飛ばされます。これで死者の霊魂は月へと帰っていったのです。壮大な夜のスペクタクル・セレモニーです。

この「月への送魂」は決して、気をてらっているのでも、こけおどしでもありません。ちゃんと、「霊魂を故郷である月へ帰す」というコンセプトを持っていますし、参列者に暗いイメージを与えないように、死は不幸な出来事ではないというメッセージが伝わりやすいように演出しています。

ここでは神道式で描いてみましたが、別に仏教でもキリスト教でも構いません。

要はコンセプトさえ間違わなければ、宗教や宗派によって演出のディテールは変わってもよいのです。また、月が出ていない夜であれば、夜空に向かってレーザーを飛ばせばよいわけです。目に見えなくても、月は天上にありますし、レーザー光線は宇宙空間であっても通過して実際に月まで到達します。その場合のレーザーとは霊魂の乗り物としての

「霊座《レーザー》」となります。

葬儀の演出に思う

わたしは、現在行なわれている葬儀のやり方や演出をすべて否定するわけではありません。現在の葬儀にもよい部分はたくさんあり、それらは残すべきです。

たとえば、花をふんだんに飾ることもそうです。昔は白い菊だけでしたが、次第に色とりどりの花を葬儀で飾るようになってきました。

わたしは、日本の臨死体験者が見るという「お花畑」を再現しないまでも、連想させるぐらいには、きれいな花を祭壇にいっぱい飾ればよいと思います。花は自然界の最高傑作であり、花の美しさは天国から来ていると言う人もいます。花を見ていれば、自然とハートピアが心に描けるものです。花とは、この世とあの世をつなぐメディアの役割を持っているのかもしれません。そして、日本の祭儀において、神は、花を目じるしとして降りてくるといいます。民俗学者の折口信夫は、「日本美」という短いエッセイに次のように書いています。

日本人は神を招き寄せるに、神がいらつしやる目じるしをたてなければならぬものと思つてゐた訣です。神をして、自分と似てゐるといふ類似感を起させる為に、人形とか銀月を立て、その他に花を飾つて神の目じるしにした訣です。銀月の場合は月の姿なのです。お考へになれば、われわれの周囲に同様なことがお思ひ浮びになることでせう。祭りの時神を招き寄せる目じるしが花で、これはまつりの時にはなくてならないものなのです。だから、花の咲かないものでも、祭壇に飾るものは花と言つてゐます。このように、飾つた花が神と深い因縁があつたことを振り返つてみる時、立花・生花の類に、我々は美術から得る印象に似たものを感じますが、まう少し宗教的な意味を加へて考へたほうが、花が生きてくるのではないかと思います。

新しき葬儀

「月への送魂」においても、まず月の神を招き寄せて、霊魂を月へ連れて帰ってもらうことになります。そのための目じるしとしても、花は必要です。葬儀に花は欠かせません。

音楽も重要な演出要素です。グレゴリウス聖歌、モーツァルト、ドビュッシー、エリック・サティ、ヴァンゲリスなど、天上界をイメージさせるような曲がよいと思います。特にグレゴリウス聖歌などは、天、地、人、と三つに分かれた音域によって、一瞬にしてその場を崇高な宗教空間に変えてしまうほどの音霊《おとだま》を持っています。

さて、「月への送魂」の最大の特徴とは、宇宙へ飛ばすレーザー光線もさることながら、棺の上に浮かび上がる故人のホログラフィー――故人が遺した姿です。

ホログラフィーは、被写体に二つに分光したレーザー光線を当ててできた渦巻きのような干渉波を記録した乾板に光を当て、スクリーンのない三次元空間に元の立体像を映し出すもので、またその一辺の部分のフィルムを切り取って映写しても、部分ではなく、全体像が写し出される写真術です。

ホログラフィーの技術はめざましいスピードで進歩しており、正面からの写真とサイドからの写真があれば、その人間の立体映像をつくることは簡単です。このホログラフィーを使った演出の目的は、「霊のヴィジュアル化」です。

新しい「遺影」としてベストなのが、ホログラフィーです。ノスタルジーはより視覚的要素が強いほど、かきたてられるものです。ですから、位牌よりは写真、写真よりは立体写真、つまりホログラフィーのほうが、故人を心の底から偲ばせ、霊も宿りやすいのです。

月と葬儀

満月と幽霊

昔、超能力研究家の秋山眞人氏から直接聞いたのですが、満月の夜は幽霊が見えやすいといいます。おそらく、満月の光は天然のホログラフィー現象を起こすのでしょう。つまり、自然界に焼きつけられた残像や、目には見えないけれど存在している霊の姿を浮かび上がらせる力が、満月の光にはあるのだと思います。

秋山氏の話を聞いた時、わたしは瞬間的に南方熊楠のことを思い浮かべました。熊楠は日本の民俗学者、人類学者、植物学者として、特に粘菌の研究家として非常に優れた業績を残した巨人です。彼は東大の予備門にちょうど夏目漱石や正岡子規や山田美妙と同じ時期に入ったものの、脳疾をわずらって退学しています。そして、二〇歳でアメリカへ渡って独学をしながら、生まれながらの天才的な記憶力によって広範な知識を身につけます。
帰国後、熊野の那智に入り、そこで粘菌や植物の研究をはじめます。その時の不思議な体験を矢吹義夫という郵船会社の社長に「履歴書」として原稿用紙にして一五〇枚くらいを何日にもわたって手紙にして書きつづけたのです。その内容によると、熊楠は幽霊を何度も見たといいます。彼は書いています。

かくて小生那智山にあり、さびしきかぎりの生活をなし、昼は動植物を観察し図記して、夜は心理学を研究す。さびしき限りの処ゆえいろいろの精神変態を自分に生ずるゆえ、自然、変態心理の研究に立ち入れり。幽霊と幻（うつつ）の区別を識りしごとき、このときのことなり。

この時、熊楠は幽霊と幻の違いをはっきり区別し、「履歴書」に図解までして書き送っています。

幽霊が現われるときは、見るものの身体の位置の如何に関せず、地平に垂直にあらわれ申し候。しかるに、うつつは見るものの顔面に平行してあらわれ候。／この他発見せしこと多し。ナギランというものなどは……幽霊があらわれて知らせしままに、その所に行きてたちまち見出だし申し候。……今日の多くの人間は利慾執事に惑うのあまり脳力くもりてかかること一切なきが、全く閑寂の地におり、心に世の煩いなきときは、いろいろの不思議な脳力がはたらき出すものに候。

熊楠はこの幽霊によって、ナギランなどの新しい植物種のありかをはじめ、さまざまなことを教えられていますす。しかし彼の最も重要な発見は、幽霊が現われる時は地平に九〇度の角度で現われるということでしょう。それに対して、幻は見る者の顔に平行して現われるといいます。このへんにわたしは、幽霊のホログラフィー性を強く感じます。

また、イギリスの民俗学者トム・レスブリッジにも興味深いエピソードがあります。ある日、レスブリッジが近くの丘に立っていた際に、ふと下方をのぞき込んだところ、少し離れた水車小屋の傍に一人の女性が佇《たたず》んでいるのに気がつきました。奇妙なことにその女性が身につけていた衣服は四〇年ほど前の風俗でした。幽霊現象です。普通こういう場合、その女性が過去において、この土地に何らかの因縁を持っていたと考えるもので、レスブリッジも当然そう考えました。ところが彼が調べたところ、当時、彼が見たような女性はその周辺に住んでいなかったことが判明したのです。

不思議に思った彼は、さらにその一帯の調査を進めました。そしてその結果、レスブリッジはこの奇怪な幽霊の正体について次のような考えに至ったのです。かつて誰かが丘の上に立ってその女性を見たことがあった。その時に引き起こされた激しい情緒が水車小屋のある小川の磁場に刻印され、幽霊現象を発生させたのだ、と。

さらに彼は、この体験をきっかけとして研究を進め、超常現象が起きる空間には、大地のエネルギーによって特異な場が形成されているという結論を得ました。つまり、レスブリッジの理論によれば、大地のエネルギー流は空間にホログラフィーを発生させる作用を持つことになるといいます。この理論が正しいとすると、UFOや心霊現象がしばしば特定の地点で多発する謎も説明がつく可能性も出てきます。

わたしも、大地のエネルギー流は人間の感情や意識に影響を与えることはもちろん、過去の映像を記憶する作用をも持っていると思います。そして、その過去の映像は月光によって浮かびあがるのです。おそらく、南方熊楠が那智山中で幽霊を見たのも、レスブリッジが丘の上で奇妙な女性を見たのも、満月の夜だったのではないでしょうか。満月でなかったとしても、少なくとも月の出ている夜ではあったはずです。

ゼロ・ポイント・フィールド仮説

大地のエネルギー流は空間にホログラフィーを発生させる作用を持つことになるトム・レスブリッジの仮説は、多摩大学名誉教授で経営学者の田坂広志氏が著書『死は存在しない』（光文社新書）で唱えた「ゼロ・ポイント・フィールド仮説」を連想させます。

「ゼロ・ポイント・フィールド仮説」を一言で述べると、この宇宙に普遍的に存在する「量子真空」の中に「ゼロ・ポイント・フィールド」と呼ばれる場があり、この場に、この宇宙のすべての出来事のすべての情報が「記録」されているという仮説です。

ゼロ・ポイント・フィールドには壮大な宇宙を生み出せるほどの莫大なエネルギーが潜んでいるという田坂氏は、以下のように述べています。


現代科学の最先端の量子物理学においては、何もない「真空」の中にも、莫大なエネルギーが潜んでいることが明らかにされているのであるが、このことは、「真空」を「無」と考える一般の常識からすると、なかなか理解できないことであろう。なぜなら、密閉された容器の中から空気を含むすべての物質を外に吸い出し、容器の中を完全な「真空」の状態にしても、なお、その「真空」の中には、莫大なエネルギーが存在しているのである。そして、このエネルギーのことを、量子物理学では「ゼロ・ポイント・エネルギー」

と呼んでいるのである。これは、たしかに、我々の常識を超えている。

この「量子真空」に無限のエネルギーが潜んでいるという考え方は、「空」とは「永遠」のことであるという拙著『般若心経　自由訳』（現代書林）のメッセージにも通じます。同書で、わたしは空海の『般若心経秘鍵』にならって色即是空の色を「波」、空を「海」に例えました。本質は海であり、波とはあくまでも現象に過ぎないということです。すると、『死は存在しない』で、田坂氏が「この世界に『物質』は存在しない、すべては『波動』である」として、「いま、静かな湖面の上を吹きわたる風を想像して頂きたい。この場合、風は『空気の波動』であり、それが、湖面に『水の波動』である波を生み出す。それは、言葉を換えれば、『風』という波動エネルギーの痕跡が、『湖面の波』という波動情報として『記録』されるということである。そして、湖面の上を、さまざまな『風』が吹きわたるならば、そのすべてが、『湖面の波』として『記録』されるだろう」と述べているので驚きました。「宗教」の世界では「ゼロ・ポイント・フィールド」と極めて似たビジョンが、はるか昔から語られているとして、田坂氏は以下のようにも述べます。

仏教の「唯識思想」においては、我々の意識の奥には、「末那識」と呼ばれる意識の次元があり、さらにその奥には、「阿頼耶識」と呼ばれる意識の次元があるとされており、この「阿頼耶識」には、この世界の過去の出来事のすべての結果であり、未来のすべての原因となる「種子」が眠っているとされている。また、「古代インド哲学」では、「アーカーシャ」の思想が語られており、この「アーカーシャ」とは、宇宙誕生以来のすべての存在について、あらゆる情報が『記録』されている場であるとされている。

そう、ゼロ・ポイント・フィールドとは、神智学や人智学でいう「アカシックレコード」に通じる考えなのです。さらに、わたしたちの生きるこの宇宙や、この世界は「ホログラム的構造」であるという田坂氏は、「すなわち、『部分の中に、全体が宿る』という不思議な構造については、これも、昔から、古い宗教的叡智や詩人の神秘的直観が、その本質を洞察している」と訴えます。例えば、仏教の経典『華厳経』においては、「一即多　多即一」の思想が語られており、英国の神秘詩人、ウィリアム・ブレイクは、「一粒の砂の中に、世界を見る」という言葉を語りました。

「ゼロ・ポイント・フィールド」には、「過去から現在に至るさまざまな出来事」の情報が存在し、それらの組み合わせから生まれてくる「起こり得るさまざまな未来」についての情報も存在するといいます。それゆえ、もし、わたしたちの意識が、この「ゼロ・ポイント・フィールド」に繋がることができるならば、「未来」を「予感」したり、「予知」したり、「占い」を行なったりすることは、ある程度できる、と田坂氏は述べるのでした。

ホログラフィー理論

一九九〇年に公開され、大ヒットしたアメリカ映画「ゴースト」の日本版には「ニューヨークの幻」というサブタイトルがつけられていましたが、主人公の男性の霊は死んでからずっと自分の存在を生き残った恋人に知らせることができませんでした。しかし、霊媒を通じて自分の存在を知らせ、恋人の危機を救った夜、天上からまばゆい光が降り注ぎます。すると、彼の姿が映像化されて幻のように浮かび上がり、彼女と別れのくちづけをするのです。そして彼はその天上の光の中に帰っていくという非常に感動的なラストシーンで、この映画は終わります。わたしは、その光はムーン・ハートピアから来たものであり、彼の姿が浮かび上がった「ニューヨークの幻」とは、月光による天然のホログラフィー現象と同じ種類のものであると感じました。

アメリカの神経学者カール・プリブラムや、イギリスの物理学者デイヴィッド・ボームは、この世界はホログラフィーのように、映し出された立体像のほうにではなく、それを映し出した干渉板のフィルムの中にリアリティは巻き込まれているのではないかとの考えを打ち出しました。そして、その一つ一つの部分は全宇宙を宿していて、一即多、多即一、すなわち部分と全体は互いに他を含みあい、かつ空間にみられる巻き込みのように、時間も過去から未来にかけてのすべてがそこに巻き込まれているのではないかという世界のモデルを提出しています。このホログラフィー理論は、全宇宙の記憶が刻まれているというアカシックレコードにも通じていますし、実在界と現象界という宗教的世界観とも共通しています。この世（現象界）のすべてのものは、あの世（実在界）から投影されている幻影にすぎないという考え方です。

だとすれば、わたしたちもまた、ホログラフィーによって浮かび上がったヴィジュアライズされた霊、すなわち幽霊ということになります。わたしたち自身も幽霊なら、いたずらに霊を恐れずに、死者たちといかに理想的な関係を築いていくかを考えなければなりません。死者と生者の間に理想的な関係を築くこと、これこそ、「葬」の最大のテーマです。

そして、新しき「葬」としての「月への送魂」において、葬儀はハレの祭りとなります。葬儀は、めでたい人生の卒業式となるのです。

あとがき

本書『ロマンティック・デス』を世に問うのは三度目です。

最初は、四四〇ページのハードカバーの単行本として国書刊行会から上梓しました。

わが求道の先達であり、魂の義兄弟である鎌田東二先生に捧げさせていただきました。

「あとがき」の最後には、次のように書きました。

「一カ月にも満たない超スピードで私に本書を書かせてくれた諸神仏に心からの感謝と祈りを捧げたい。最後に、すべての死者たちに愛を込めて、ペンを置こうと思う。

一九九一年九月二二日、仲秋の名月の夜に」

二度目は、二〇〇五年八月に幻冬舎文庫化されました。

そのとき、芥川賞作家で僧侶の玄侑宗久先生から「月落ちて、天を離れず」という素晴らしい解説文を書いていただいて感激いたしました。

そして、三度目となる今回、本名の佐久間庸和として上梓いたしましましたが、またしても玄侑先生には推薦のお言葉を頂戴し、感謝しております。

単行本の初版が出てから、三三年もの時間が経ったことに驚くとともに、わたし自身が冠婚葬祭会社の社長として奮闘した日々がよみがえります。この間、日本で超高齢社会は加速度的に進行し、今や多死社会を迎えています。葬儀という儀式も、「家族葬」「直葬」「0葬」という簡素化の流れが止まりません。

その一方で、日本初の月面着陸を目指す探査機「SLIM」（スリム）などを搭載した、国産の「H2A」ロケットの打ち上げに成功しました。月面の開発が現実味を帯びてきました。「月への送魂」のデモンストレーションはもう数えきれないほど行なってきましたし、さらにはホログラフィーを使った葬儀も実際に行なわれる時代となりました。

葬儀はアップデートされ、大きく変わってきましたが、変わらないものもあります。それは未だに「死」をタブー視することです。「死は不幸ではない」というメッセージをさらに強く、さらに広く伝えるために、本書『ロマンティック・デス』の姉妹本となる『リメンバー・フェス』を書きました。葬儀の後に続く、法事・法要・お盆といった供養のイメージ転換となる新時代の幸福論です。本書と併せて、ぜひご一読下されば幸いです。

二〇二四年三月二五日　満月の夜に

佐久間庸和

佐久間庸和（さくま・つねかず）

1963年、福岡県生まれ。早稲田大学政治経済学部卒業。㈱サンレー代表取締役社長。九州国際大学客員教授。全国冠婚葬祭互助会連盟（全互連）会長、一般社団法人 全日本冠婚葬祭互助協会（全互協）副会長を経て、現在、一般財団法人 冠婚葬祭文化振興財団副理事長。2012年、第2回「孔子文化賞」を故稲盛和夫氏（稲盛財団理事長）と同時受賞。日本におけるグリーフケア研究および実践の第一人者としても知られている。上智大学グリーフケア研究所の客員教授を務めながら、全互協のグリーフケアＰＴ座長として資格認定制度を創設した。主著の『ウェルビーイング？』『コンパッション！』『リメンバー・フェス』はいずれも小社刊。
一条真也のペンネームでの著書は110冊を超える。

ロマンティック・デス　Romantic death

2024年4月30日　初版第1刷

著　　者 ――― 佐久間庸和《さくまつねかず》
発 行 者 ――― 坂本桂一
発 行 所 ――― 株式会社オリーブの木
〒161-0031
東京都新宿区西落合4-25-16-506
www.olivetree.co.jp
発　　売 ――― 星雲社（共同出版社・流通責任出版社）
カバーデザイン
本文ＤＴＰ ――― 渡邉志保

印刷・製本　株式会社ルナテック
乱丁・落丁本はお取り替えいたします。
定価はカバーに表示してあります。

ISBN978-4-434-33845-8 C1234

Remember Fes

死者を忘れない
リメンバー・フェス

東京大学名誉教授
矢作直樹・推薦

「お盆」「お彼岸」など、先祖を想う大切な行事が、
いま新しいコンセプトで蘇る！